무조건 나부터 생각할 것

Discover

「そのままの自分」を生きてみる

藤野智哉 著

株式会社 ディスカヴァー・トウエンティワン 刊

2024

SONO MAMANO JIBUNWO IKITE MIRU

by Tomoya Fujino

Original Japanese edition published by Discover 21, Inc., Tokyo.

무조건 나부터 생각할 것

상처받고 후회하는 관계에 익숙한
당신을 위한 심리 처방 45

후지노 토모야 지음 | 곽현아 옮김

비즈니스북스

무조건 나부터 생각할 것

1판 1쇄 발행 2024년 12월 13일
1판 2쇄 발행 2025년 1월 16일

지은이 | 후지노 토모야
옮긴이 | 곽현아
발행인 | 홍영태
편집인 | 김미란
발행처 | (주)비즈니스북스
등 록 | 제2000-000225호(2000년 2월 28일)
주 소 | 03991 서울시 마포구 월드컵북로6길 3 이노베이스빌딩 7층
전 화 | (02)338-9449
팩 스 | (02)338-6543
대표메일 | bb@businessbooks.co.kr
홈페이지 | http://www.businessbooks.co.kr
블로그 | http://blog.naver.com/biz_books
페이스북 | thebizbooks
인스타그램 | bizbooks_kr
ISBN 979-11-6254-399-3 03190

비즈니스북스는 독자 여러분의 소중한 아이디어와 원고 투고를 기다리고 있습니다.
원고가 있으신 분은 ms1@businessbooks.co.kr로 간단한 개요와 취지, 연락처 등을 보내 주세요.

시작하며

저는 신경정신과 의사입니다.

내담자들은 물론 SNS나 강연에서 만난 다양한 사람들로부터 이런저런 이야기를 듣는 것이 제 일입니다.

주로 이런 말들입니다.

"이대로는 안 되겠어."

"나를 바꿔야 해."

"더 노력해야지."

"성공하고 싶어."

모두 '변하고 싶다'는 의지가 담긴 말들이죠.

예컨대 사람들은 일을 하다 잘못됐을 때 '이대로는 안 돼. 더 노력해야 해' 하거나, 인간관계 때문에 고민할 때 '이제는 내가 좀 바뀌어야지'라고 생각합니다. 또 육아가 마음먹은 대로 되지 않을 때 '나부터 부모 역할을 똑바로 해야 하는데…' 생각하며 불안해하기도 합니다.

자신의 부족한 점을 개선하려고 하거나, 조금 더 발전하려고 노력하는 것, 성장하고자 애쓰는 것은 정말 중요합니다.

하지만 그 과정이 힘들고 괴로워서, 나를 갉아먹어도 반드시 해야만 할까요?

우리는 일상에서 당연하다거나 보통 혹은 상식이라는 말로 포장된 규칙과 가치관에 필사적으로 자신을 맞추며 살아가려고 노력합니다.

물론 사회의 일원으로서 지켜야만 하는 규칙도 있지만, 누가 만들었는지도 모르는 의미 없는 규칙이나 틀도 아주 많습니다.

이처럼 의미도 없고, 이치에 맞지 않는 틀이라 해도 왠지 '어떻게든 나를 끼워 맞춰야만 한다'고 생각하는 사람도 적지 않습니다.

그런데 그런 틀에 자신을 맞추려고 애쓰다가 자칫 내가 부러질 수도 있습니다. 유연한 사람도 있지만, 대개는 그렇지 않거든요.

그러니 억지로 나를 끼워 맞추기보다는 '있는 그대로의 나'를 소중히 여겨보세요.

여러분은 은연중에 자신을 다른 사람과 비교하면서 '나도 저 사람처럼 항상 밝고 온화하면 좋을 텐데'라며 우울해하지는 않나요? SNS에서 유명한 사람을 보며 '지금 이대로는 안 돼…'라며 한숨을 쉬지는 않나요?

요즘에는 자신을 다른 사람과 비교하기 쉽습니다. SNS가 발달했고 남의 일에 이래라저래라 참견하는 사람들은 어디를 가나 있죠. '나는 내 모습 그대로가 좋아'라고 마음을 고쳐먹어도 금세 흔들릴 수밖에요.

있는 그대로의 나로 살아가기가 힘들다고 호소하는 사람들의 마음도 충분히 이해가 갑니다.

하지만 '나다움'을 잃어가면서까지, 내 진짜 마음이나 본래의 특성을 억누르면서까지 나를 바꿔야 할까요?

다른 사람을 목표로 삼고 살아가는 미래에, 이상적인 나는 존재하지 않습니다.

부서 이동이나 이직 같은 직장에서의 변화 혹은 출산이나 이사, 이별 등과 같은 일상에서의 변화가 생겼다고 해봅시다.

'새로운 직장에 빨리 적응해서 업무를 익혀야지', '일도 육아도 멋지게 해내야지. 다른 사람에게 부담 주고 싶지 않아'라며 직장이나 주변 환경에 맞추고 적응하려고 할 겁니다.

물론 그런 자세도 중요하지만, 그럴 때는 조급해하기보다 우선 지치고 힘든 몸과 마음부터 돌보세요.

사랑하는 사람과의 결혼이나 원하던 회사로 이직하거나 승진하는 것처럼 아무리 기쁜 일이라 해도 환경의 변화는 분명 스트레스가 됩니다.

만약 새로운 자리가 원했던 곳이 아니거나 새 상사가 불편한 스타일이라면, 또는 가까운 사람과 이별하는 등 환경이 크게 달라졌다면 더 큰 스트레스를 느끼게 되죠. 이럴 때는 몸도 마음도 지치는 게 당연합니다.

원래 나를 바꾸기란 정말 어렵습니다.

익숙한 일보다 새로운 일을 하는 것이 피곤하고, 언제나 걷던

길보다 새로운 길을 가는 것이 더 긴장됩니다.

나를 바꾸기 위해서는 아주 큰 에너지도 필요합니다. 힘든 일이죠. 또한 바뀌고 싶다고 생각하면 할수록 스스로를 부정하게 되고 마음이 괴롭습니다.

'바뀌어야만 해', '이대로는 안 되겠어'라는 생각이 들 때, 그 이면에는 '지금 내 모습이 싫어', '지금 내 모습은 옳지 못해', '지금 내 모습은 뭔가 부족해' 같은 자신을 부정하는 감정으로 가득하기 때문입니다.

억지로 바꾸려 하지 않아도 괜찮아요.

억지로 바꾸기보다 약한 나, 괴로운 나, 힘든 나, 잘 못하는 나, 허점 많은 나, 우는소리를 하는 나, 이 모든 모습이 합쳐진 '있는 그대로의 나'를 소중히 여기고 살아가시길 바랍니다.

물론 나를 바꾸고 싶다는 마음도 소중하지요.

지금 현실이 잘 풀리지 않거나, 부족하다고 느끼는 부분이 있거나, 좀 더 나은 방향으로 바꿀 수 있다면 분명 좋은 일입니다.

몸과 마음을 돌볼 여유가 생기고 내면의 안정을 찾았을 때, 그때도 여전히 '나를 바꾸고 싶다'라는 생각이 든다면, 바꿔도 좋습니다.

한 가지 사실만 기억하면 됩니다. 실패하거나, 잘 풀리지 않는 일이 있어도 '최고의 내 편은 바로 나 자신'입니다.

내 몸과 마음을 잘 돌보고, 격려하고, 소중히 여기세요.

몸과 마음이 모두 안정되면 그때 내가 잘 안 풀리는 이유나 잘 풀리기 위해서는 무엇이 필요한지를 진지하게 생각해보길 바랍니다. 그럼 내가 무리하지 않아도 자연스럽게 바뀔 수 있습니다.

이렇게 말하는 저도 있는 그대로의 나를 받아들이지 못했던 적이 있습니다.

저는 어린 시절 가와사키병에 걸렸고, 그 후유증으로 심장에 혹이 생겼습니다. 때문에 격한 운동은 할 수가 없었죠. 초등학교 때에는 수영이나 축구, 장거리 달리기도 못 했어요. 당시 저는 남과 다르다는 사실이 싫어서, 내 모습을 받아들이지 못하고 괴로워했습니다.

하지만 '이런 나는 쓸모없어'라는 자기 부정까지 이르지 않았던 것은 그 원인을 확실하게 인지하고 있었기 때문입니다. 바로

'병' 때문이라고 말입니다.

무조건 내 탓을 하지 않고, 천천히 원인과 마주하며 '할 수 없는 나'를 받아들였던 겁니다.

수영을 못 하면 튜브를 사용하면 되고, 장거리 달리기는 원래 하고 싶지도 않았으니 남들과 똑같이 하지 않아도 돼서 좋다고 생각하게 되었습니다. 물론 이렇게 생각할 수 있기까지 시간은 걸렸지만 말이죠.

'있는 그대로의 나를 살아보기' 위해서는 잔뜩 힘을 주지 말고, 조급해하지도 말고, 느긋하게 힘을 빼야 합니다.

있는 그대로의 나로 살자니 자신의 모습을 있는 그대로 전부 내보이는 것이 두렵기도 하고, 또 어떻게 해야 할지 막막할 수도 있을 겁니다. 충분히 그럴 수 있어요. 그래서 이 책에서는 '아주 조금' 있는 그대로의 나를 살아가는 법, '지금' 그대로의 나로 살아보는 법을 제안하려고 합니다.

자신을 바꿔야겠다고 생각했다면,

이대로는 안 되겠다고 생각했다면,

일단은 감정을 가라앉혀보세요.

한번 소파나 침대에 편히 누워보세요.

느긋하게 온몸의 힘을 빼보세요.

그런 다음 '아주 조금' 있는 그대로의 나를 보여줘도 괜찮을지 생각해보세요.

살다 보면 있는 그대로의 나로 살 수 없는 상황은 계속 있을 겁니다. 때때로 주변에 맞추거나, 회사나 사회의 규칙을 지켜야 하고, 상식이나 보편을 신경 쓰며 살아가야 할 겁니다.

하지만 약한 나, 허점 많은 나, 능숙하지 못한 나, 우울한 나를 '이 모습도 나니까'라며 있는 그대로 받아들이고, '나 자신'으로 살아가는 시간을 소중히 여기시길 바랍니다.

후지노 토모야

차례

제1장

입맛이 없을 때도 힘들 때입니다

: 언제나 나부터 돌보기 습관

제2장

'보통'은 다수결일 뿐입니다

: 타인으로부터 자유로워지기 습관

제4장

나를 받아들인 후에야 진짜 인생이 시작됩니다

: 긍정적인 기분 만들기 습관

제5장

항상 내 관점에서 정해야 합니다

: 주도적인 태도 만들기 습관

제1장

입맛이 없을 때도 힘들 때입니다

: 언제나 나부터 돌보기 습관

자신을 바꾸고 싶을 때는
힘들거나 괴로울 때입니다

'나를 바꿔야 해.'

'이대로는 안 돼.'

'잘해야지.'

'나도 빨리 성공하고 싶어.'

이처럼 변화를 다짐하는 사람이 많습니다.

"별거 아닌 일로 자주 우울해져. 이제는 바뀌어야 해."

"나는 왜 말을 더 잘하지 못할까."

"나이는 먹을 만큼 먹었는데 이대로는 안 돼….."

"내 실수 때문에 직장 동료들까지 고생하고 말았어. 빨리 만회해야 해."

"짜증 내는 아이에게 또 화를 내버렸어. 나는 엄마 자격도 없어. 이제라도 엄마 노릇을 제대로 해야 해."

이렇게 말하며 스스로를 바꾸고 싶다고 하죠.

사실 이렇게 자신을 바꾸고 싶을 때는 대개 좋지 않은 상황에서 처해 괴로워하고 있는 경우가 많습니다.

직장에서 실수해서 우울하거나, 혹은 자신을 다른 사람과 비교하며 속상해할 때 그런 생각을 많이 합니다.

인간관계가 잘 풀리지 않아서 고민될 때도 자책하며 그렇게 생각하고요.

또는 지인에게 "그걸로 되겠어?"라고 무시당하거나 비난받을 때 그렇습니다.

주변 사람의 행동을 보며 '나도 잘해야 하는데'라고 생각할 때도 그렇죠.

새로운 환경에 빨리 적응해야 한다고, 일을 제대로 해야 한다고 생각할 때도 마찬가지입니다.

그러니 '나를 바꿔야 한다', '이대로는 안 된다'라고 생각하게 되는 것입니다.

그런데 말이죠,
혹시 "발전해야 해.", "노력해야 해."라고 말하며 무리한 결과, 자신을 갉아먹고 있는 건 아닌가요?
개인의 성장이나 발전도 중요하지만, 너무 무리한 나머지 스스로를 소모시키고 있다면 정말 안타까운 일입니다.

가장 중요한 것은 '나 자신'이니까요.

'나를 바꿔야 한다.'
'이대로는 안 된다.'
'잘하고 싶다.'
이렇게 생각했다면,
노력하기 전에 반드시 해야 할 일이 있습니다.

지금 내가 무리하고 있는 건 아닌지,
나 자신을 갉아먹고 있는 것은 아닌지 생각해보세요.

나 자신부터 챙기세요.

그리고 그런 나를 위로하고 돌봐주세요.

거기서부터 시작해보세요.

Point 나를 바꾸기 위해 지나치게
무리하고 있는 건 아닌지 먼저 살피자

'내가 아깝다'는 정신이 필요해!

밥이 맛없을 때도
'힘들다'는 뜻입니다

'힘든 날'이 일상이 된 사람이 정말 많습니다.

월급은 좀처럼 오르지 않는데 물가는 계속해서 오르는 등 경제적으로 힘든 시기입니다.

이런 상황에서는 다른 사람을 도우려는 심리적 여유도 적어지기 마련입니다.

지난 몇 년 동안 코로나 팬데믹을 겪으며 사람 간의 연결고리도 약해졌습니다.

그럼에도 일상은 이어져야만 하죠.

이런 환경에서는 마음이 힘든 게 당연합니다.

그런데도 '힘들다고 말하지 않고 견디고, 노력하는 것이 미덕'이라 생각하는 문화가 사회 곳곳에 남아 있습니다.

그런 분위기에 휩쓸리지 마세요.

인간은 그렇게 강한 존재가 아닙니다.

괴로운 상황이 지속되면 부정적인 감정을 이겨내기 더욱 힘들어집니다.

하지만 점점 더 힘들어지는 이유가 '마음'에 있다고 생각지 못하거나, 그렇게 생각하면 안 된다고 여기는 사람이 많습니다.

심지어는 그럴수록 쉬어서는 안 된다는 사람도 있습니다.

'다른 사람도 다 힘들어'라고 생각하며 그냥 넘기거나, '나만 우는소리하는 건 아닐까?'라며 자책하기도 하죠.

'모두' 혹은 '나만'이라며 다른 사람과 비교할 필요는 없습니다. 사람마다 가진 배경도, 상황도, 성격도 모두 다르니까요.

지금 '힘든 것 같다'라는 생각이 든다면,

그건 이미 '힘들다'는 말입니다.

그런데도 자신이 힘들다는 것을 좀처럼 인식하지 못하는 사람이 많습니다.

그런 사람은 '평소와 다른' 내 모습을 관찰해야 합니다.

혹시 왠지 모르게 짜증이 난 적이 있나요?

SNS에서 누군가에게 상처 주는 말을 쓴 적은요?

폭음, 폭식을 한 적이 있나요?

아니면 씻고 머리를 빗는 일이 힘들다거나 아침에 일어나기 괴로운 적이 있나요?

이처럼 일상생활 중에 평소와 다른 내 모습을 발견했다면, 뭔가 참고 있지 않은지, 스트레스받는 일은 없는지 생각해봐야 합니다.

'아무래도 지금 스트레스가 많이 쌓인 것 같아', '지금 좀 지친 것 같아', 이런 생각이 든다면 과감하게 쉬어야 합니다. 스스로를 돌봐주세요.

무엇보다 밥이 맛없게 느껴질 때는,

무슨 일을 하건 잘 풀리지 않습니다.

제가 살아오면서 깨달은 진리입니다.

노력하기 전에 괴로운 마음부터 돌보세요.

이것이 가장 중요합니다.

 Point 지금 힘들다는 느낌을 받는다면 나부터 돌보자

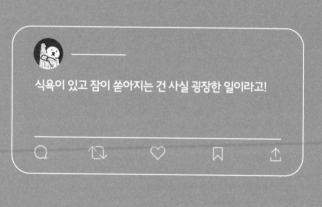

식욕이 있고 잠이 쏟아지는 건 사실 굉장한 일이라고!

누적된 스트레스는
하루아침에 사라지지 않습니다

사람은 모두 자기만의 '한계치'가 있습니다.

체력도 정신력도 무한하지 않습니다.

어느새 금방 한계에 도달하곤 하지요.

갑자기 아침에 일어나기 힘들 수도 있습니다.

출근하려 했더니 눈물이 멈추지 않는 일도 얼마든지 일어날
수 있습니다.

힘들 때는 모든 일이 싫고, 모든 사람이 적으로 보이기 때문
에 될 일도 안 되곤 합니다.

화를 참는 임계점도 낮아지고, 작은 일에도 신경이 쓰입니다.

이처럼 '힘들어', '더는 못하겠어'라는 생각이 들 때 어떻게 하면 좋을까요?

느긋하게 목욕을 하고, 잘 자고, 잘 먹는다고 해서 피로가 거짓말처럼 사라지지 않습니다. 여전히 힘들 겁니다.

쌓인 피로는 결코 하루아침에 없어지지 않습니다. 그러니 쌓이기 전에 잘 풀어주어야 합니다. 평소에 나를 사랑해주어야 합니다.

뭐든 싫을 때가 있지요?

뭐든 정말 하기 싫을 때 말입니다.

이럴 때는 휴식을 취하며 뒹굴뒹굴하거나,

자연 속에서 긴장을 풀거나,

친구와 만나 수다를 떠는 등,

스트레스를 해소할 만한 일을 하며 자신을 사랑해주세요.

'몸'은 마사지나 스트레칭을 하며 돌보더라도, '마음'은 전혀 돌보지 않는 사람이 너무나도 많습니다.

이제 마음도 충분히 돌봐야 합니다.

'피곤해', '짜증 나', '왠지 힘들어' 이런 생각이 든다면, 마음을 관리할 때입니다.

피곤이나 짜증 같은 감정을 느낄 때는 아직 괜찮습니다.

괴롭다고 느끼지 못할 때가 더 위험합니다.

아무 감정이 느껴지지 않거나 아무 생각도 들지 않는다면 정말 주의해야 합니다. 그럴 때는 도움을 요청하세요.

저는 신경정신과 의사이니 정신과 상담을 아무렇지 않게 생각하지만, 거부감이 든다면 주위 사람과 이야기해보세요.

주위 사람에게 "도와달라."고 말해보세요.

강해 보이는 사람들이 도와달라고 말하기를 주저하다 더 힘든 상황에 빠지는 경우도 종종 있습니다. 부러지기 직전까지도 다른 사람이 보기에는 강해 보였던 게지요. 하지만 스스로는 그렇지 않다는 걸 알 수 있습니다.

많이 힘들지 않을 때 얼른 대처해야 합니다.

마음에 괴로움이 많이 쌓이기 전에,

자신을 돌보고 사랑해줍시다.

 스트레스는 그때그때 풀어주자

내 인생을 위해서라면
도망쳐도 괜찮습니다

'도망치는 것'을 부정적으로 보는 사회 문화 탓에 모두가 '도망치지 않는 습관'이 들어버렸습니다. 하지만 궁지에 몰리면 더 노력하는 것보다 도망치는 게 낫습니다.

예컨대 저 같은 정신과 의사를 만나러 오는 환자나 그 가족 중에는 지금 회사에서 매일 괴롭고 힘들어하면서도 '이직은 상상도 할 수 없다'는 분도 많습니다.

하지만 저는 이직을 권하기도 하고 선택지로 염두에 두고 있으며, 실제 이직 후에 증상이 좋아진 분도 봤습니다.

일에도 '적성에 맞는 일과 맞지 않는 일', '어울리는 일과 어울리지 않는 일'이 있습니다. 회사 중에도 과도한 노동을 강요하는 '악질 회사'가 있죠.

그런데도 '힘들면 이직하라'고 권하면 '도망치는 건 나쁜 짓이다'라고 생각하며 죄책감을 가지는 사람이 많습니다.

나를 지키기 위해 도망칠 수 있다면,

도망쳐도 좋습니다.

그런 나를 칭찬해주세요.

인생을 계속 살아내기 위해,

내 인생에서 도망치지 않기 위해,

지금 도망치는 겁니다.

애초에 무엇을 '도망'이라고 부를지 생각해봐야 합니다.

내 마음이 힘든데도 억지로 회사에 남는다면 내 마음으로부터 도망쳤다고도 할 수 있습니다.

내 마음을 소중히 여긴다면, 도망치지 않는다는 선택이 오히려 도망일 수도 있다는 말입니다.

다른 사람이 바보 취급을 하건 비난을 하건, 일단 도망쳤기 때문에 지금도 살아 있다고 말하는 사람이 많습니다.

무책임한 말로 도망치기를 방해하는 사람은 도망치려 하는 사람의 인생을 책임져주지 않습니다.

"한 직장을 3년 정도는 다녀야 다른 회사에서 고용해주죠."

"계속해서 이직하면 경력에 흠집 나요."

다른 사람이 말하는 이런 불확실한 이유로 현재의 괴로움을 견디지 마세요. 내 인생을 내 마음대로 사는 데 다른 사람의 허락은 필요하지 않습니다.

물론 100퍼센트 내 마음대로 살기 힘든 사람도 많습니다.

"아이가 있으면 그렇게 자유롭게만 살 수는 없어요."

"저축해둔 것도 없고, 생활 안정 문제도 있으니, 내 마음대로 살기 어려워요."

그런 마음도 상황도 충분히 이해합니다. 내 마음대로 살기란 참 어려운 일이니까요. 하지만 100퍼센트 마음대로 살기는 무리라 해도, 10퍼센트 정도는 마음대로 살 수 있지 않을까요?

'아이가 있어서 자유롭게 살기는 어렵지만, 밤에 30분 정도는 좋아하는 책을 읽을 시간을 갖자.'

'여유 자금은 없지만, 주에 한 번 정도는 좋아하는 카페에서 커피를 사 마시자.'

이처럼 내 마음대로 사는 '시간'을 아주 조금이라도 가져보세요. 가끔은 도망치는 것도, 마음대로 시간을 보내는 것도 필요하니까요.

Point   '도망'의 정의를 다시 내리자

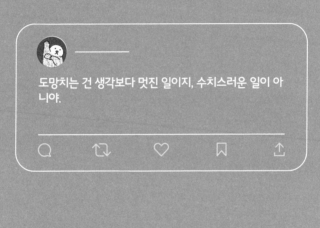

도망치는 건 생각보다 멋진 일이지, 수치스러운 일이 아니야.

도움을 구할 줄 아는 사람이
강한 사람입니다

어떤 문제가 생겼을 때 과도하게 노력하는 사람이 있습니다.

예컨대 업무 중 마감을 지키지 못했을 때 자책하며 '내가 뭐라도 더 해야지', '내가 더 노력해야지' 하는 사람들입니다.

대화 중 다툼이 생겼을 때도 '내가 나빴어', '이렇게 하면 좋았을걸' 생각하며 행동했다가 오히려 일이 더 꼬이는 사람도 있습니다.

냉정하게 생각해보면 도움을 구하는 편이 나을 텐데, 혼자 끌어안는 이유는 무엇일까요?

바로 '도와달라'고 말하는 것이 어렵기 때문입니다.

어릴 적부터 성실하게 노력해온 사람들일수록 타인에게 도움을 청해본 경험이 부족합니다. 또 도움을 청했다가 혼났던 경험이 있어서 '도와달라'고 말할 수 없게 되었다는 사람도 있습니다.

그런데 혹시 타인의 도움을 받는 것은 부끄러운 일이라거나 능력 없고 나약한 사람이나 하는 행동이라고 생각하고 있지는 않나요?

'내가 다 끌어안고 있는 것 같다'는 느낌이 든다면, 주위에 도와달라고 말하는 연습을 해볼 때입니다.

타인에게 도움을 구하는 것은 나약하기 때문이 아니라,

뭐라도 해보려는 의지가 있기 때문입니다.

포기하지 않았기 때문입니다.

그 자체로 강한 것입니다.

나 혼자서는 아무리 노력해도 어떤 지점에서 한계에 부딪히게 됩니다. 계속 노력해도 힘들기만 할 뿐이죠.

노력보다 더 필요한 것은 다른 사람에게 도움을 청하는 연습입니다. 일상생활에서 의식적으로 아주 작은 도움을 요청하고, 아주 조금 누군가에게 의지하는 연습을 해보세요. 어떤 일이건 좋습니다.

"부장님이 부탁하신 서류 복사 좀 도와주시겠어요?"

"저 대신 식당 예약 좀 부탁드려도 될까요?"

"지금 컨디션이 안 좋아서요. 혹시 내일까지 기다려주실 수 있을까요?"

"(SNS 댓글로) ○○를 잘하시네요! 저도 해보고 싶은데, 제가 좀 배워볼 수 있을까요?"

이처럼 '아주 조금 도와달라'고 말하는 연습을 해보세요.

의외로 호의적인 답을 들을 수 있을 겁니다.

"그럼요, 같이 해요."

"당연히 내일까지 기다릴 수 있죠."

"알려드릴게요."

이런 습관에 익숙해지기 전까지는 도와달라고 말하기가 두려울 수도 있습니다. 물론 도와달라고 말했다가 거절당할 수도 있고, 싫다는 반응이 돌아올 수도 있습니다. 하지만 도와달라고 말하지 않았다면, 상대가 어떻게 반응하는지도 알지 못했겠죠.

그러니 힘들다고 느껴진다면 이렇게 생각하는 습관을 들여보세요. '10초만 용기 내서 도와달라고 해볼까?'

도와달라고 말하는 것은 전혀 부끄러운 행동이 아닙니다.

Point 아주 작은 도움 요청부터 연습해보자

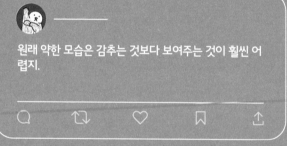

원래 약한 모습은 감추는 것보다 보여주는 것이 훨씬 어렵지.

노력하는 것만이
인생의 정답은 아닙니다

앞에서도 말했듯이 이 책은 '바꾸는 게 좋다'고 추천하는 책이
아닙니다.

자신을 바꿔도, 바꾸지 않아도 괜찮습니다.

그보다 억지로 바꾸려 하지 않기를 바랍니다.

혹시 고민 끝에 '나를 바꿔야 해, 이대로는 안 되겠어'라고 생
각했다면, 잠시만 침착해져보세요. 침대건, 소파건, 살짝 눕는
것도 좋습니다.

노력하다 지쳐버리는 사람 중에는 '능력 있는 나'와 '능력 없는 나'라는 두 가지 선택지만을 생각하는 사람도 많습니다. 실제로는 '노력한다'와 '노력하지 않는다' 사이에는 무수히 많은 선택지가 펼쳐져 있습니다. 단순하게 두 가지로만 나누기 어렵지요.

심지어는 집에서 뒹굴뒹굴하면서 시간이나 때우는 자신을 견디기 힘들어하는 사람도 있습니다. 하지만,

노력하지 않아도 됩니다.
있는 힘껏 노력하는 시기가 있는가 하면,
힘들어서 그저 하루하루를 버티는 시기도 있습니다.
그 시기가 언제인지도 사람마다 달라요.

힘들다고 느끼는 것은 당신이 약하기 때문이 아닙니다.
사람이라면 당연한 일입니다.
약해져도 되고, 쉬어도 됩니다.

때로는 타성에 젖어 사는 자신의 모습도 인정해주세요.
그런 자신을 인정하면 주위 풍경이 달리 보일 겁니다.

진짜 인생은 완벽하지 않은 나를 받아들여야 시작됩니다.

아무리 노력해도 결과가 따라주지 않을 때도 있고,
노력하지 않는 편이 나을 때도 있습니다.
그러니 스스로에게 노력을 너무 강요하지 마세요.

모든 것이 완벽할 수 없고,
모든 것을 손에 넣을 수도 없죠.
할 수 없는 일도, 도움받아야 할 일도 많습니다.
우리는 그저 '보통 사람'이니까요.

흔히들 "내 인생의 주인공은 바로 나다."라고 하는데,
주인공이라고 해서 꼭 슈퍼히어로일 필요는 없습니다.
언제나 멋있지 않아도 됩니다.
우리는 슈퍼맨이 아니니까요.

바꾸지 않아도 살아갈 수 있다.
타성에 젖어 살아가도 좋다.
노력하는 것만이 인생은 아니다.

이런 사실을 먼저 깨달으시길 바랍니다.

그때부터 바꿀 수 있는 것도 있습니다.

애쓰지 않아도 괜찮아요.

 자신에게 '노력'을 너무 강요하지 말자

다른 사람이 나를 함부로 대하는 것에
익숙해지지 마세요

세상에는 남에게 함부로 말하는 사람이 꽤 많습니다.

"일 못하는 사람이 야근하는 건 당연하지. 야근을 못 하겠으면 아침 일찍이라도 와서 일해."라고 말하는 상사가 있다고 해봅시다. 여러분은 어떻게 반응할 건가요?

"집안일을 똑바로 하는 게 당신 역할이니까, 아무리 피곤해도 요리나 청소를 대충 하면 안 되지. 제대로 좀 해."라고 말하는 배우자에게는 어떻게 할까요?

인간은 일만 할 수 없습니다.

밤에는 자고, 식사를 하고, 인생을 즐길 시간도 필요합니다.

집안일이야 잘하는 사람이 하면 됩니다.

지치고 피곤한 날까지 철저하게 할 필요는 없습니다.

그런데 성실한 사람이거나 좋은 사람일수록 '내가 일을 못해서 야근하는 거니까 어쩔 수 없지', '집안일을 효율적으로 못하는 내 잘못이지 뭐'라고 생각합니다. 나아가 '열심히 해야지'라며 노력합니다. 착하고 성실할수록 사는 게 힘들어지는 함정에 빠지게 되는 것이죠.

여러분, 일을 잘 못한다는 게 상사로부터 함부로 대접받을 이유가 되지는 않습니다. 피곤할 때 집안일을 소홀히 한다는 게 배우자로부터 비난받아야 할 이유도 아닙니다.

일을 잘 못해도, 집안일이 능숙하지 않아도, 당신의 몸과 마음은 소중하게 여겨질 가치와 권리가 있습니다.

함부로 대접받는 것에 익숙해지면, 자기 스스로 더욱 가치 없는 사람이라고 느끼게 됩니다.

상대가 '나를 함부로 대하고 있다'는 사실을 인지하세요.

상황에 쫓겨 좁아진 시야를 넓히는 겁니다.

이것만 깨달아도 상사에게 이의를 제기할 수 있게 됩니다. 부서 이동을 요청하거나 이직 준비를 하는 등 필요한 대처 방법을 찾을 수 있습니다.

마찬가지로 배우자에게도 "그건 아니야."라며, "집안일을 좀 더 같이했으면 좋겠어."라고 말할 수 있게 됩니다. 또는 집안일을 도와주는 가전제품을 사거나, 대화를 통해 적절하게 대응할 수 있습니다.

흔히 사람들은 가격이 싼 물건이나, 막 쓰기 시작한 물건은 끝까지 소중히 여기지 않습니다.

사람도 마찬가지입니다.

다른 사람이 나를 함부로 대하지 못하게 하려면, 나부터 내 가치를 낮게 판단하면 안 됩니다.

우선 여러분부터 자기 자신의 가치를 제대로 인지하고, 소중히 여겨보세요. 그러면 상대방도 여러분을 소중히 여기게 될 겁니다.

'쉽게 수락하지 말자', '이상한 점을 인지하면 의견을 말하자'
처럼 나를 소중히 여기는 행동을 실천해보세요.

내 가치를 존중하는 행동을 반복하다 보면 누가 나를 함부로
대하는 일이 줄어들 겁니다.

Point   내 가치를 낮게 판단하지 말자

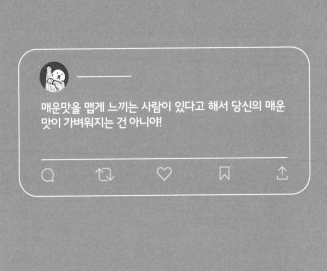

매운맛을 맵게 느끼는 사람이 있다고 해서 당신의 매운 맛이 가벼워지는 건 아니야!

구체적 목표 없이
자신을 바꾸려 들지 마세요

혹시 업무 환경이 좋지 않은 직장에서 녹초가 되어 일하고 있고, 본인은 물론 주변에서도 "쉬는 게 좋겠다."고 할 정도인데 쉬지 못하고 있지는 않나요?

정기적인 친구 모임에서 대화가 잘 통하지 않아 스트레스만 쌓이는 것 같고, 마음이 불편한데도 관계를 이어가고 있지는 않나요? 배우자에게 이런 고민을 말했더니 "그런 친구는 친구가 아니니까 그만 만나."라고 하지만, 어쩌다 보니 만남을 계속하지는 않나요?

만일 그렇다면 '콩코드 효과'concorde effect를 마음에 새기세요.

콩코드 효과란 지금까지 쏟아부은 노력이나 시간과 비용이 아까워서, 틀린 선택임에도 그만두지 못하고 지속하는 현상을 말합니다. (1969년에 탄생한 콩코드 비행기는 높은 생산비, 기체 결함 등 여러 가지 문제로 전망이 어두웠지만, 그때까지 투자한 돈, 노력, 시간이 아까워 지속 투자하다가 총 190억 달러를 쏟아부은 끝에야 운행을 중지한 데서 비롯된 말이다. 다른 말로 매몰 비용 효과sunk cost effect라고도 한다―옮긴이)

일이나 관계를 끊어내면, '지금까지의 인내'나 '잘해보려고 했던 노력' 등이 부정되는 것 같습니다. 내가 쏟아부은 것들이 헛되이 되고 마는 것이죠. 그래서 질질 끌게 되는 것입니다.

그런데 변화를 주고 싶어 하면서도, 구체적으로 '이런 모습이 되고 싶다'는 목표를 세우는 사람은 적습니다.

나를 바꾸고 싶다는 마음은 '이대로는 안 되겠어', '더 잘해야지', '더 잘하도록 노력해야지'라는 감정의 연장선에서 신기루처럼 존재할 뿐입니다.

그저 모호하게 '지금 내 모습으로는 못할 것 같아', '지금 이대로 괜찮나?' 이렇게만 생각할 뿐이죠. 그러고는 답답한 마음에

'나를 바꾸고 싶다'고 말하는 것뿐입니다.

이처럼 막연한 '바꾸고 싶다'는 마음은 '지금의 나로는 안 된 다'라는 메시지를 스스로에게 보내는 것과 같습니다.

많든 적든 지금까지 살아온 내 인생을 부정하는 것 같아 마음 이 괴로워집니다.

불안하고 두렵습니다.

그러니 바꾸고 싶다고 하면서도 왠지 바꾸지 못하게 되는 것 이죠.

'나를 바꾸고 싶다'라는 생각이 지금의 나를 부정하는 것이라 는 생각이 든다면,

그리고 '결국 바꾸지 못했어. 나는 망했어'라는 생각이 들어 괴롭다면,

'나를 바꾸고 싶다'는 마음을 한번 가만히 둬보세요.

'바꿔야 해. 그런데 왜 그러지 못할까?'라고 고민할 정도라면,

'내가 바뀌고 싶구나'라는 사실만 머릿속 한구석에 두세요.

이유는 몰라도 괜찮습니다.

그대로 전혀 상관없는 일을 해보세요.

이를 반복하면서 나를 부정하는 마음이 옅어지면, 언젠가 자연스레 변할 수도 있고, 세상을 보는 관점이 달라질 수도 있습니다.

'지금 나는 엉망이니까, 바꾸고 싶어'가 아니라 이런 마음가짐이 필요합니다.

'지금의 나도 좋아.'

'지금의 나도 좋지만 달라진 나로 살아보는 것도 나름 재밌을 것 같아.'

'이렇게 바꾸면 가능성이 더 많아질지도 몰라.'

'바꾸고 싶다'라는 마음은 '이런 나는 쓸모없으니까'처럼 부정하는 마음에서 생겨날 수도 있고, '역시 나는 더욱 ○○하게 되고 싶어'처럼 솔직한 마음에서 우러나오기도 합니다.

자기 부정인지 아닌지 잘 모르겠다면 '나는 변화하고 싶구나'라고 마음을 인지하는 정도로 내버려두고, 우선 나를 격려하고 돌봐주세요.

'바꾸고 싶은데 못 바꾼다'고 너무 고민하지 마세요.

'아직은 나 자신과 마주할 시기가 아니구나.'

그렇게 생각해도 되지 않을까요?

 Point '나를 바꾸고 싶다'는 마음은 일단 그대로 두자

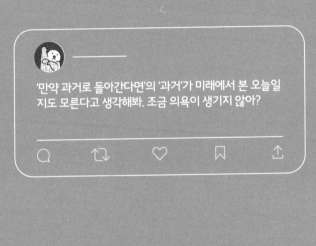

'만약 과거로 돌아간다면'의 '과거'가 미래에서 본 오늘일
지도 모른다고 생각해봐. 조금 의욕이 생기지 않아?

제2장

'보통'은 다수결일 뿐입니다

: 타인으로부터 자유로워지기 습관

다른 사람의 말을
너무 진지하게 받아들이지 마세요

제1장에서 '나를 바꾸고 싶어', '이대로는 안 되겠어', '잘할 수 있게 바뀌어야지'라는 생각이 들 때는 대부분 마음이 힘들거나 고민이 많을 때라고 이야기했습니다.

이번 장에서는 흔히 마음의 괴로움과 고민의 원인이 되는 '다른 사람과의 관계'에 대해 이야기하고자 합니다.

괴로움이나 고민은 나도 몰래 다른 사람의 시선을 신경 쓰거나, 다른 사람과 비교하는 습관에서 시작하는 경우가 많지요.

"그걸로 되겠어?"라는 다른 사람이 하는 말에 상처 입거나,

주변을 보며 '다른 사람들은 다 잘하는데, 나만 못하잖아'라고 생각하는 것처럼 말입니다.

지금부터는 다른 사람을 너무 신경 쓰지 않는 마음가짐에 대해 이야기해보겠습니다.

세상에는 진심으로 받아들이지 않아도 되는 말도 있습니다. 이것만 알아도 여러분이 받는 상처를 조금은 줄일 수 있습니다.

예컨대 "책상 위가 더럽네. 왜 안 치워?", "요즘 살찐 거 같은데?"라는 말을 슬쩍 던지는 동료가 있다고 합시다.

맞는 말이더라도 그렇게 직접적으로 말하지 않아도 되는데 싶어서 짜증이 솟아날 겁니다. 이런 일은 아주 흔하죠.

세상 모든 사람에게 배려심을 기대할 수는 없습니다.

개중에는 다른 사람의 감정을 고려하지 않는 사람도 있고, 가끔은 질투 섞인 말을 던지는 사람도 있습니다. 다른 일로 심기가 상했는데 말 섞기 편한 상대에게 화풀이하는 사람도 있지요.

심지어 "요즘 살찐 거 같은데?"라는 주변 사람의 말을 있는 그대로 받아들여 다이어트를 해도, "너한테는 그 옷 색깔이 잘 안 어울리네.", "주름이 많아진 것 같은데?"라는 둥 더 부정적인

지적을 하기도 합니다.

　이럴 때 내가 할 수 있는 일은 '다른 사람의 말을 모두 진지하게 받아들이지 않는 것'뿐입니다. 다른 사람이 한 말의 의도를 읽어내려고 해도 아무 의미가 없습니다.

　처음부터 한 귀로 듣고 한 귀로 흘려도 됩니다.

　듣기 싫은 말을 하는 사람이나,

　충고랍시고 쓸데없는 참견을 하는 사람은

　큰 의미 없이 말하는 경우가 대부분입니다.

　가끔 이렇게 생각하는 사람도 있습니다.

　'다른 사람의 말을 한 귀로 듣고 한 귀로 흘리라니, 그럼 상대가 언짢아하지 않을까?'

　착하고 정직한 사람이죠.

　그렇다면 이렇게 생각해보면 어떨까요?

　'듣기 싫은 말을 하는 사람에게는 조금 나쁜 모습을 보여도 괜찮다'라고 말이죠. 아주 조금만요.

　'상대가 나에게 얼마나 가치 있는 사람인지'를 생각해보세요.

눈앞에 있는 사람이 오래된 소중한 친구인지, 아니면 가끔 잡담이나 나누는 동료인지, 아이 친구 엄마들 모임 중 한 명인지를 말이죠.

그다지 중요하지도 않은 사람이 하는 말을 하나하나 신경 쓸 필요는 없습니다. 그렇게 신경 쓰다 보면 여러분의 모든 것을 바꿔야 할 수도 있거든요.

내게 큰 의미가 없는 사람들이 하는 말은 "보는 눈이 없으시네요."라며 적당히 흘려버리세요.

Point 나에게 중요하지 않은 사람이 하는 말까지
신경 쓰지 말자

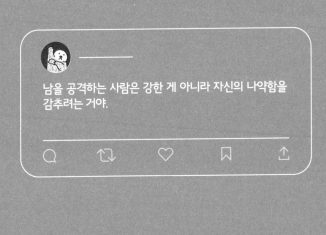

남을 공격하는 사람은 강한 게 아니라 자신의 나약함을
감추려는 거야.

모든 사람에게 좋은 사람이 되려고
애쓰고 있지는 않나요?

다른 사람을 신경 쓰는 이유 중 하나는 '미움받고 싶지 않아서'입니다.

물론 좋아하는 사람에게 호감을 사면 기쁘겠지요. 그러나 좋아하지도 않는 사람에게까지 호감을 사려고 애쓰고 있지는 않나요?

좋은 사람일수록 주변의 모든 사람에게 사랑받고자 노력하는 경향이 있습니다. 그래서 좋아하지도 않는 사람에게 맞추려고 자신을 꾸며내거나, 억지로 웃어 보이거나, 가기 싫은 식사나 회식에도 참석하곤 하죠.

하지만 그런 자신이 마음에 드나요?

좋아하지도 않는 사람을 위해 애쓰는 사람,

왠지 모르겠지만 마음에 들지 않을 겁니다.

그런데 바로 내가 그런 사람일 수도 있습니다.

다른 사람을 위한 가면을 계속 쓰다 보면,

정말로 자신을 싫어하게 될지도 모릅니다.

'모두에게 사랑받지 않아도 괜찮다.'

이렇게 진심으로 생각해야 합니다.

물론 '모든 사람에게 사랑받지 않아도 괜찮다'라는 말에 거부감을 느낄 수도 있습니다. 초등학교 시절 모든 친구와 사이좋게 지내라고 교육받은 사람이 많으니까요. 그런데 사실 그 말은 잘못됐습니다.

학교에서는 '모든 사람을 평등하게 대해라', '모두와 사이좋게 지내라'고 배웠지만, 실제로는 모든 사람을 평등하게 대하고, 모든 사람과 사이좋게 지낼 수 없거든요. 따돌림당했던 아이에게 "너를 따돌렸던 아이와도 사이좋게 지내."라고 강요할 수 있을까요? 만약 그렇게 말한다면 그 아이는 가장 중요한 '나 자신'과는 좋은 사이를 유지할 수 없을지도 모릅니다.

부디 '모두와 잘 지내라'는 말의 함정에 빠지지 마세요.

좋아하지 않는 사람에게까지 사랑받으려 애쓰지 마세요.

인간관계에서는 좋지도 싫지도 않은 사람들이 대다수입니다. 좋지도 싫지도 않은 정도의 거리감을 유지하며 살아가면 됩니다.

물론 모임에서 어떤 특정 사람과만 거리를 두는 것은 어려울 수도 있습니다.

예컨대 아이 친구 엄마 모임에서 딱 한 사람이 불편하다고 해도, 그 사람과만 거리를 두기란 굉장히 어렵습니다.

그럴 때는 마음을 굳게 먹고 모임에서 아예 멀어지는 것도 한 가지 방법입니다. 새로운 환경에서 새로운 친구를 만들 수도 있으니까요.

혹은 혼자서 할 수 있는 취미처럼 무언가 새로운 일을 시작하는 계기가 될 수도 있습니다. '환경을 바꿈'으로써 내가 변하게 될 수도 있다는 말입니다.

Point 모든 사람과 사이좋게 지낼 필요는 없다

다른 사람을 위해
살지 마세요

"이제 결혼만 하면 되겠네."

"슬슬 아이도 생각해야지?"

다른 사람의 인생에 참견하는 사람이 생각보다 많아요.

다른 사람은 신경 쓰지 않겠다고 결심해도, 먼저 이래라저래라 간섭해 오는 사람들이 있습니다.

다른 사람의 인생을 자기 마음대로 결정해서 이야기하는 사람도 있습니다.

그런 사람들에게 이렇게 말해줍시다.

"내 인생에 참견 말고, 당신 인생에 집중하세요."

물론 마음속으로만 말해도 좋습니다.

남의 인생에 간섭하려는 사람은 대체로 한가한 사람입니다. 자기 인생에 충실한 사람은 다른 사람의 인생에 이래라저래라 잔소리하지 않습니다. 그러니 '저 사람은 한가한가 보네'라고 생각하며 그냥 내버려두면 됩니다.

다른 사람은 여러분을 위해 살지 않고,
여러분도 다른 사람을 위해 살아갈 필요가 없습니다.

이 사실만 기억하고 있어도 사는 게 훨씬 편해질 것입니다.

그런데 제가 아무리 이렇게 말해도 신경 쓰일 수밖에 없는 일도 있기 마련입니다. 예컨대 시어머니가 "결혼한 지도 벌써 2년이나 지났는데, 슬슬 아이 계획을 세워야 하는 거 아니니?" 하고 말한다면, '간섭이 심하신 거 아니야?'라고 생각하면서도 며느리로서 나도 모르게 신경 쓰일 수 있습니다.

그럴 때는 이렇게 생각해보면 어떨까요?

관점을 넓혀서 보면 우리는 모두 우주의 먼지 정도에 지나지 않습니다. 내게 간섭하는 이 사람도 우주의 먼지일 뿐이라고 생각하면, 마음이 조금은 편해지지 않을까요?

애당초 슬슬 아이 계획을 세우라는 말은 시어머니의 기대에 불과합니다. 그의 기대에 부응하지 못해도 괜찮습니다.

다른 사람이 마음대로 품은 기대까지 내가 책임질 필요는 없습니다.

좋은 사람일수록 타인의 기대에 부응하지 못하면 자신을 책망하는 경향이 강합니다.

만약 다른 사람의 기대에 '부응해야겠다'는 마음이 들었다면, 조금만 더 생각해보세요. 그런 다음 '상대방의 기대'와 '내가 하고 싶은 일'에 선을 그어보길 바랍니다.

예를 들어볼까요?

놀이터에서 만난 엄마들이 "다음에 아이들이랑 자기 집에 놀러 가도 될까?"라고 물어봤다고 합시다. 그때 바로 대답하기 전에 나 역시 그걸 바라는지 잠시 생각해보세요.

'좋은데 우리 집은 좀 싫다' 이런 마음이 든다면, 억지로 응하지 않아도 됩니다. '집에 놀러 가고 싶다'는 것은 어디까지나 상대방의 기대입니다.

내가 책임질 필요도 없고, 거절한다고 해서 죄책감을 느낄 필요도 없습니다.

"같이 노는 건 좋은데, 우리가 너희 집에 가도 될까?"라고 제안해보는 것도 좋습니다.

상대방의 기대로 인해 힘들 때는 잠시 멈추고 생각하는 습관을 들여보세요.

Point 　다음 사람의 기대가 부담스럽다면,
　　　　잠시 멈춰 생각하는 습관을 들이자

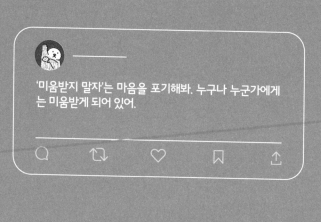

'미움받지 말자'는 마음을 포기해봐. 누구나 누군가에게는 미움받게 되어 있어.

SNS는
'그깟 SNS'입니다

요즘에는 인간관계에 SNS도 고려해야 합니다.

'내 포스팅에 부정적인 댓글이 달려서 속상해', '마음대로 단톡방을 만들어서 공지하다니 귀찮아', '세상에 예쁜 여자가 왜 이렇게 많아'처럼 SNS 때문에 마음이 술렁거리는 일이 적지 않습니다. 저는 사람들이 SNS에 지나치게 과민 반응하고 있다는 생각도 듭니다.

행복해 보이는 사람과 나를 비교한다거나, 부정적인 말로 인해 마음을 다치는 등 나도 모르게 조금씩 상처를 받곤 합니다.

그런데 말이죠,

행복을 일부러 드러내는 사람은 어딘가 결핍된 사람입니다. 다른 사람의 행복을 세어보면서 질투하지 말고, 내 행복의 수를 세어보세요. SNS를 '그깟 SNS'라고 생각할 수 없다면 거리를 둬야 합니다.

그깟 SNS입니다.

스마트폰 전원만 끄면 끝이니까요.

SNS 때문에 커다란 상처를 입는 사람이 꽤 많습니다. 부정적인 말 때문에 힘들다면, 한동안 거리를 두는 것도 좋습니다. 'SNS는 하루 15분 이내로 보자'라고 규칙을 정하여 SNS를 하는 시간을 가능한 만큼 줄여보세요.

또한 SNS는 한 사람의 모든 것을 보여주지 않습니다. 이 사실을 절대 잊지 마세요.

SNS에 드러난 여러분의 모습은 여러분 자체가 아닙니다. 그 누구도 글 몇 줄, 사진 몇 장을 보고 여러분을 온전히 이해할 수는 없습니다.

만약 이렇게 생각되지 않는다면, 여러분 인생에서 SNS가 차지하는 비중이 너무 높은 건지도 모릅니다.

그럴 때는 현실의 비중을 높이기 위해 노력해야 합니다. 친구와의 만남이나 모임 횟수를 늘리는 등 누구라도 좋으니 현실 세계와 접할 기회를 늘려야 합니다.

현실 속 관계가 늘어나면 그만큼 SNS 비중이 줄게 되고, 그러면 SNS를 그렇게까지 신경 쓰지 않게 될 수도 있습니다.

SNS에 올라오는 험담이나 비난에도 주의하세요.

예를 들어 SNS에 쓴 글에 부정적인 반응이 달릴 때마다 놀라서 반박하고 싶겠지만 이럴 땐 반응하지 않는 것이 상책입니다. 꼭 반박하지 않아도 됩니다.

상처 입히려 드는 사람에게는 상처받지 않은 척하세요.

저는 4년째 엑스(구 트위터)를 하고 있는데, 제 글에 악성 댓글이 달린 적도 있고, 비난에 시달리는 다른 사람들도 꽤 봐왔습니다. 제 경험에 빗대어보자면 이런 비난은 며칠 내버려두면 대부분 가라앉았더군요.

인터넷에서는 금세 새로운 화제가 생겨납니다. "15분이면 누구든 세계적으로 유명한 사람이 될 수 있다."는 말이 있는데, 반대로 해석해보면 세상이 나를 주목하는 시간도 그 정도밖에 안 된다는 말입니다. 좋은 의미로든 나쁜 의미로든 다른 사람은 당신에게 그렇게까지 관심이 많지 않습니다.

험담하는 사람의 말은 한 귀로 듣고 한 귀로 흘리면 됩니다.

Point　　SNS에 지쳤다면 현실 관계를 늘리자

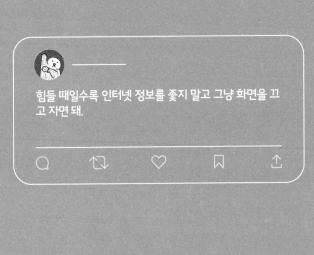

힘들 때일수록 인터넷 정보를 좇지 말고 그냥 화면을 끄고 자면 돼.

그저 내가 그렇게 받아들이고 있는 것,
그뿐일 수도 있습니다

인스타그램, 다들 하시나요?

혹시 즐겁게 일하는 피드나 일의 보람을 말하는 피드를 보고 우울해하진 않나요?

고급 레스토랑이나 세련된 곳에서 식사하는 사진을 보다가 짜증이 난 적 있나요?

행복해 보이는 가족사진이나 에피소드를 보면 왠지 쓸쓸하고 마음이 불편해진 적은요?

이처럼 상대방에게는 자신이 행복하다고 자랑하려는 의도가 없는데도, 일부러 자랑하고 있는 것처럼 느껴진다면 주의해야 합니다.

'내가 그렇게 받아들이고 있는 것뿐'일 수도 있으니까요.

그럴 때는 '스키마'schema가 문제일 수도 있습니다.

스키마란 사고방식, 인지방식이 관련된 정서적 습관 같은 것입니다. '근본적으로 자기 자신이나 세상을 어떻게 바라보는가?'와 같은 무의식적인 사고방식이라고도 할 수 있죠.

스키마에는 '나는 누구에게도 사랑받지 못해'와 같이 자신이 관련된 것뿐만 아니라, '세상은 불공평해'와 같이 세상을 인식하는 방법도 포함됩니다.

사람은 '자기만의 독자적인 스키마'를 통해 발생한 일이나 사실을 판단하고 감정을 느낍니다.

같은 SNS 피드를 보더라도 각자의 스키마를 통해 보고 느끼기 때문에, 어떤 사람은 '재밌겠다'라고 느끼지만, 어떤 사람은 '자기가 행복하다고 자랑하고 있네'라고 느끼기도 합니다.

즉 '나는 누구에게도 사랑받지 못하는 사람'이라는 스키마가 형성되어 있다면, 가족사진 피드를 봤을 때 순간적으로 기분이 나빠지는 것이죠.

SNS에서 행복해 보이는 피드를 올리는 사람은 불특정 다수를 대상으로 행복해 보이는 가족사진을 올린 것뿐입니다. 자신이 행복하단 걸 특정 사람에게만 보여주려고 올리는 것이 아닙니다.

이런 점을 알면서도 마음이 불편하다면, 부정적인 스키마가 강해진 것은 아닌지 자신을 의심해봐야 합니다.

스키마에는 '나는 누구에게도 사랑받지 못하는 사람'처럼 부정적인 스키마도 있지만, '내 주변은 모두 친절해'처럼 긍정적인 스키마도 있습니다.

모든 사람은 기본적으로 이 두 가지 스키마를 다 가지고 있습니다. 다만 힘들 때일수록 부정적인 스키마가 전면에 나오기 쉽습니다.

'나는 능력이 없어', '나는 누구에게도 사랑받지 못할 거야'처럼 자신을 과도하게 부정적으로 여기는 스키마가 형성되어 있으면, 그저 일반적인 SNS 피드를 봐도 힘들고 괴롭습니다.

아무 의미 없는 피드를 보기만 해도 힘들다면, '내 스키마가 나를 힘들게 만드는 건 아닐까?' 생각해보세요.

Point   원래 SNS에서는 모두가 행복하다

같은 것을 보고 있는 것 같아도
각자 눈에 다르게 보입니다

만약 친구들이 모인 단체 채팅방에서 다음날까지 내 말에 답장이 오지 않는다면, 여러분은 어떻게 생각하나요?

'이럴 거면 단체 채팅방은 왜 만들었어?' 하며 화를 내나요?

아니면 '혹시 내가 미움받고 있나?' 하며 불안해지나요?

'바쁜가?' 생각하고 마나요.

여러 가지 경우가 있을 테죠. 이처럼 같은 일을 겪어도 '어떻게 받아들이는가?', '어떻게 느끼는가?'는 사람마다 다릅니다.

같은 것을 보고 있는 것 같아도, 각자에게 보이는 것은 다른 법입니다.

어째서 서로의 견해가 다를까요?

앞서 '스키마'에 대해 말씀드렸죠.

스키마란 생각이나 인지 방법, 감정에 영향을 미치는 관점의 습관 같은 것입니다.

'내가 미움받고 있나?'라는 생각을 머릿속에 자주 떠올리는 사람은 실제로 잠재의식에 '나는 사랑받지 못하는 사람'이라는 스키마가 형성되어 있습니다.

다시 말해, '나는 사랑받지 못하는 사람'이라는 스키마가 있으면, 그저 단체 채팅방에 답장이 오지 않는 일을 '나는 미움받고 있어'라고 자동으로 연결하여 생각하기 쉽습니다.

눈앞에서 벌어지는 일을 왜곡된 필터를 통해 보고 있는 것입니다. '나는 사랑받지 못하는 사람'이라는 필터를 통해 '단체 채팅방에 답신이 오지 않는다'라는 사건을 판단하는 것이죠. 그러니 '미움받고 있다'고 자동으로 연결하는 것입니다.

스키마는 '자동 사고'automatic thoughts에 영향을 미칩니다. 자동

사고란 어떤 사건이 발생했을 때 순간적으로 떠오르는 개인의
생각이나 이미지를 일컫습니다.

과거 지향적이고 부정적인 스키마가 우세하면,
눈앞의 사건을 나도 모르게 나쁜 방향으로 봅니다.
부정적으로 판단하거나 받아들이게 되죠.

그 결과 부정적인 감정까지 불러일으킵니다.
예를 들면 이렇습니다.
상사가 내가 제출한 서류를 보면서 미간을 찌푸리면 '나 이제
혼나는 건가?' 생각합니다. 사실 상사는 그냥 집중하고 있는 것
일지도 모릅니다.
서먹한 친구에게 같이 점심을 먹자고 했는데 거절당하면 '나
를 싫어하나?' 생각하기도 합니다. 사실 친구에게 다른 선약이
있을지도 모르는데 말이죠.
사건을 제멋대로 부정적인 방향으로 자동 변환하여 부정적
인 감정을 초래하는 것이죠.
그러니 순간적으로 부정적인 감정이 튀어나올 것 같다면, 조
금은 주의해야 합니다.

'혹시 지금 부정적인 방향으로 자동 변환되고 있는 건 아닐까?'라고 자문해보세요.

Point 부정적 자동 사고를 주의하자

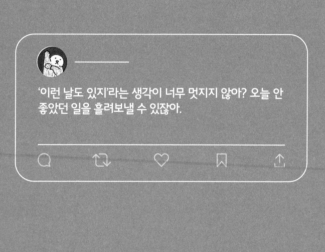

'이런 날도 있지'라는 생각이 너무 멋지지 않아? 오늘 안 좋았던 일을 흘려보낼 수 있잖아.

일반은
다수에 불과합니다

'지금 내가 보통의 삶에서 벗어나 있는 건 아닐까?'

'상식에 벗어난 건 아닐까?'

이렇게 고민하는 사람이 적지 않습니다.

그런 분들 중에는 "너는 일반적이지 않네."라는 말을 듣고 크게 상처받았던 경험이 있을지도 모르지요.

하지만 '일반'은 다수에 불과합니다.

원래 '일반', '보통'은 지역이나 조직, 시대에 따라 바뀝니다.

불과 30여 년 전에는 여성은 결혼하면 일을 그만두는 것이 보통이라고 생각하는 사람들이 많았고, 아무 데서나 담배를 피우는 일도 흔했습니다.

어떤 때는 힘 있는 사람이 의견을 말하면 '보통'이나 '상식'이 완전히 바뀌기도 합니다.

직장에서 상사가 엄격하게 "이런 건 상식이지."이라고 하거나, 주변의 기 센 사람이 "보통은 이렇게 안 해요."라고 하면 그 말만으로도 마음에 상처를 입곤 하죠.

학교에서 배운 것은 모두 '옳다'고 생각하는 사람도 있지요.

"모두와 사이좋게 지내라."는 가르침이 가장 대표적입니다. 사이좋게 지낼 수 있는 사람이 있는가 하면, 그렇지 않은 사람도 있습니다. 그러니 '모두와 사이좋게 지내라'는 말은 잘못된 말이기도 합니다.

나고 자란 집안의 규칙이나 부모에게 들은 말을 오롯이 믿는 사람도 있습니다.

"제대로 된 직장에 들어가야 한다."는 부모의 말을 그대로 믿은 나머지, 제대로 된 직장에 들어가지 못한 사람은 '보통 이하'라고 생각하는 사람도 있습니다.

　도대체 '제대로 된 직장'이란 어떤 직장일까요?

　'보통'이나 '상식'이란 것은 상당히 모호하고 쉽게 바뀝니다.

　제멋대로 정한 자기만의 규칙을 '보통'이나 '상식'이라고 우기는 경우도 많습니다.

　애초에 '보통'과 '상식', '제대로'라는 표현을 사용할 때 '내 의견을 따라야 한다'라는 생각으로 말하는 사람도 있습니다.

　예를 들면 이런 경우죠.

　"상식적으로 송별회에는 참석해야지."

　"보통 바쁠 때는 휴가 안 써."

　"40대가 그런 옷을 입는 건 좀 그렇지 않나? 좀 더 제대로 갖춰 입어야지."

　하지만 이런 말은 좁은 세상에서나 통용되는 이야기입니다. 그곳이 뉴욕이었다면, 아제르바이잔이었다면, 파푸아뉴기니였다면 어땠을까요?

'보통'이라는 건 한 나라 안에서도, 사는 지역이나 일하는 회사에 따라서도 다를 수 있다는 점을 잊지 마세요.

 Point 보통과 상식이라는 함정에 빠지지 말자

다른 사람 행동 하나하나에
의미를 두고 생각할 필요 없습니다

"다른 사람을 신경 쓰지 않아도 괜찮다."

이렇게 말해도, '누군가에게 인정받고 싶은' 사람이 분명히 있을 테죠.

물론 '누군가에게 인정받고 싶다'라는 생각 자체는 나쁘지 않습니다.

상사에게 인정받고 싶어서 열심히 일한다거나, 배우자에게 인정받고 싶어서 열심히 요리를 한다거나 팔로워에게 '좋아요'를 받고 싶어서 매일 열심히 피드를 올리는 등, 인정받고 싶은

마음을 동기 부여에 활용할 수 있다면, 그 생각은 충분히 가치가 있습니다. 다만,

누군가에게 인정받고 싶은 마음을
인생의 '목표'로 삼는 것은 위험합니다.

왜냐하면 칭찬하는 당사자는 그렇게까지 큰 의미를 두지 않았을 수도 있고, 겉치레로 칭찬하는 일이 많기 때문입니다. 사람이라면 금세 기분이 바뀌는 일도 있습니다.

"일 잘하네."라고 말하던 상사가 기분이 나쁠 때는 "이런 간단한 일도 못 해?"라고 비난하거나, 한때 나에게 굉장히 호의적이었던 친구가 갑자기 반응이 없어지기도 합니다.

다른 사람의 행동은 수수께끼투성이입니다.

다른 사람 행동 하나하나에 신경 쓸 필요가 없습니다. 이 세상에는 의미 없는 행동이 엄청나게 많기 때문이죠.

상대방의 말이나 행동에 멋대로 의미를 부여하고 착각하는 사람이 있습니다. 다른 사람의 상대방 말과 행동 하나하나에 의

미를 부여하는 사람이 있죠.

'눈을 보고 이야기하는 걸 보니 나를 마음에 들어 하는 것 같아'라거나 '핸드폰 답장이 느린 걸 보니 나를 싫어하는 것 같은데?'처럼요. 하지만 정말로 그럴까요?

어쩌면 눈을 보고 말하는 이유는 '사람과 이야기할 때는 눈을 보고 이야기해야 한다'고 교육받았기 때문일지도 모릅니다. 핸드폰 답장이 늦은 것도 일이 바빴기 때문인지도 모르고요.

사람들에게는 저마다의 사정이 있고 그때그때 느끼는 감정도 다릅니다. 그런데 다른 사람의 말이나 행동에 이상한 의미를 부여하고 제멋대로 해석해버리면, 그 사람에게 휘둘릴 수도 있습니다.

인정 자체가 상대방의 기분에 좌우되는 것이기도 하고, 내가 멋대로 해석한 것일 수도 있습니다. 그래서 저는 다른 사람에게 인정받는 것을 목표로 삼는 것은 위험하다고 생각합니다.

누군가에게 인정받아야만 한다고 생각하는 사람이 많습니다만, 타인에게 인정받지 못해도 살아가는 데는 전혀 지장이 없습니다.

물론 '인정받기'를 목표로 삼아도 좋습니다.

하지만 기억하세요.

인정받지 못한다 해도 괜찮습니다.

 Point   다른 사람의 인정을 목표로 삼지 말자

그렇게 하고 싶은
'내 마음'을 소중히 여기세요

다른 사람의 시선을 신경 쓰느라 하고 싶었던 일을 하지 못한 적이 있나요?

예컨대 외로워 보일까 봐 혼자 식당에 가지 못했다거나, 사실 쉬고 싶지만 바쁜 시기에는 다른 동료들의 시선이 신경 쓰여 쉬지 못했던 일은 없나요?

'그건 좀 아닌 것 같은데'라고 생각해도 '기가 센 사람'이나 '무례한 사람', '분위기 파악 못 하는 사람'이라고 생각할까 봐 말하지 못했던 일 말이죠.

입고 싶은 옷이 있어도 주위에서 이상하다고 할까 봐 입지 못 했던 일 같은 것 말입니다.

'다른 사람의 시선'을 신경 쓰는 것은 당연합니다.

이상한 사람으로 여겨지면 불편하기도 하고, 동료들 사이에서 따돌림을 당하기라도 하면 속상할 테니까요. 그런데 말이죠,

당신의 가치를 모르는 사람들에게까지
일부러 자신의 가치를 알려줄 만큼,
그만큼 좋은 사람이 될 필요는 없습니다.

가까운 사람이나 소중히 여기는 사람이 당신의 가치를 알고 있다면 충분합니다. 친하지도 않은 사람들에게 "나는 이렇게나 좋은 사람이에요.", "이렇게 성실하답니다."라고 굳이 알려주지 않아도 됩니다.

이렇게 말해도 "아무래도 다른 사람들의 시선이 신경 쓰여요."라는 분도 있겠지요.

몇십 년이나 다른 사람들의 시선을 신경 쓰고 살아왔으니,

"그럼 오늘부터 주변 사람들을 신경 쓰지 말고 자유롭게 살아보세요."라고 해도 선뜻 그러지 못하고 망설여지는 마음도 충분히 이해됩니다.

그럴 때는 다른 사람의 시선을 신경 쓰기보다, 나 자신에게 초점을 맞춰보면 어떨까요?

'외로워 보이기 싫다'라는 마음보다 '저 맛집에 가보고 싶은지 아닌지'를 나에게 물어보세요.

'동료들의 시선'보다 '내가 정말로 쉬고 싶은지 아닌지'를 생각해보세요.

주변에서 이상하다고 생각할지 아닐지 신경 쓰기보다 '이 옷을 입은 내 자신이 마음에 드는지' 상상해보세요.

내가 어떤 사람으로 보이고 싶은지보다 '아닌 것 같다' 혹은 '그렇다'라고 생각한 내 마음을 더 깊이 들여다보세요.

실제로 행동할지 말지는 둘째치고, 그렇게 하고 싶다고 생각한 '자신의 마음'과 솔직하게 마주해야 합니다. '내 마음'을 소중히 여겨보세요.

'외로워 보이는지 아닌지는 중요하지 않아. 일단 나는 저 식당에서 고기를 먹고 싶어!'라는 마음을 깨달았다면, 식당으로 향하면 됩니다.

'오늘은 정말 컨디션이 안 좋아서 안 되겠어. 평판보다 내 건강이 더 중요해'라는 마음을 깨달았다면, 눈치 보지 않고 휴가를 쓰면 됩니다.

'어른이 유치하게 무슨 그런 옷을 입냐고 할 수 있지만, 이게 내 취향이고 나는 이걸 입고 싶어!'라는 마음을 깨달았다면, 얼마든지 입으면 됩니다.

이처럼 '자신의 진실한 마음'에 초점을 맞출 수 있기를 바랍니다.

Point   타인의 시선보다 내 마음을 소중히 여기자

괜찮아, 다들 조금씩은 독특해.

제3장

다른 사람은 나를 위해
살아주지 않습니다

: 선을 지키는 관계 만들기 습관

타인을 바꿀 수는 없습니다

인간관계에서 생기는 고민은 의외로 인생 전체에 큰 영향을 미칩니다. 조금이라도 편해질 수 있다면 좋겠지요.

그런데 관계로 고민하는 사람 중에는 '나를 바꾸고 싶어', '이 대로는 안 되겠어'라며 현재의 나를 부정하는 사람이 많습니다.

관계로 인한 고민이 해결되고 나면 마음이 조금 편해져서, '굳이 내가 변할 필요는 없는 것 같아'라며 생각이 바뀌기도 합니다. '현재의 나', '있는 그대로의 나'를 받아들이게 되는 거죠.

그러니 나를 바꾸려고 노력하기보다 관계를 되돌아보는 것도 한 가지 방법입니다.

이처럼 이 장에서는 인간관계에 초점을 맞춰보고자 합니다.

먼저 꼭 명심해야 할 점이 있습니다.

바로 다른 사람을 바꾸기란 어렵다는 점입니다.

'바꿀 수 없다'고 생각하는 편이 낫습니다.

결국, 바꿀 수 있는 것은 어디까지나 '나 자신'입니다.

사실 나 자신을 바꾸기도 정말 어렵지 않나요?

여러분이 자신을 바꾸기 어렵다고 생각하듯이, 다른 사람들도 자신을 바꾸기 어렵다고 생각합니다.

여러 가지를 배우고, 대화를 하고, 성심성의껏 소통하다 보면 상대방이 바뀔 수도 있겠지만요.

나를 바꾸기 어려운 것처럼 다른 사람을 바꾸기란 매우 어렵습니다.

다만, 내 관점에서 관계에 변화를 줄 수는 있습니다.

예를 들어 소통 방식을 바꾸는 방법이 있습니다.

어른이 아이에게 "잘하네, 이것도 해볼까?"라며 유도하는 경우가 있죠. "이것도 해!"라고 명령하면 안 될 일도, 잘 유도하면 아이가 따르기도 합니다.

다른 사람이 수용하기 쉬운 표현과 타이밍, 태도를 알아두세요. 인간관계가 훨씬 편해질 겁니다.

아니면 사람들과 거리를 두는 방법도 있습니다.

"대하기 어려운 아이 친구 엄마들과도 친하게 지내야 한다고 생각했지만, 거리를 두니 오히려 마음이 편해졌어요."

"갑질하는 상사 밑에서 줄곧 참아왔지만, 부서 이동을 요청한 뒤로는 일할 의욕이 생겼어요."

이처럼 인간관계는 거리를 두면 해결되는 일도 있습니다.

 Point 관계로 고민이라면 약간의 거리를 둬보자

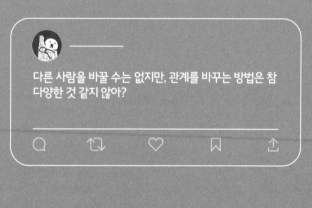

다른 사람을 바꿀 수는 없지만, 관계를 바꾸는 방법은 참 다양한 것 같지 않아?

싫은 사람은
신경 쓰지 마세요

살다 보면 꼭 '싫은 사람', '불편한 사람'이 생기기 마련입니다.

'저 사람은 왜 저렇게 보기 싫은 행동을 할까?'

'좀 바뀌면 좋을 텐데.'

'저 사람과는 관계를 이어가기가 참 힘들어.'

이렇게 생각할 때도 있지요.

그런데 이런 생각은 참 바보 같은 생각입니다.

제발 '다른 사람을 바꾸기는 몹시 어렵다', '다른 사람은 나를 위해 바뀌지 않는다'라는 전제를 반드시 기억하고, 되새기기 바랍니다.

'어떻게 하면 저 사람이 바뀔까?'

'어떻게 하면 내 진심을 이해해줄까?'

이런 생각을 하지 마세요.

나는 저 사람이 분명히 틀렸다고 생각해도, 사람을 바꾸기란 참으로 어렵습니다. 게다가 어떤 사람이건 사람에게는 '틀릴 권리'가 있거든요.

인간관계로 괴롭다면 '다른 사람과 거리를 잘 두는' 방법을 통해 해결할 수도 있습니다. 싫은 사람과는 거리를 두세요.

싫은 사람에게 미움받는다면,

오히려 운이 좋은 것입니다.

발목을 잡는 사람을 신경 쓰기보다,

손을 잡아주는 사람과 친하게 지내는 데 집중하세요.

사람들은 주변 사람에 따라 아주 많이 바뀝니다.

여러분의 모습은 주변 사람에게 영향을 받아 만들어집니다.

긍정적인 사람 곁에 있으면 밝아지고, 부정적인 사람 곁에 있으면 우울해집니다.

고압적인 사람 곁에 있으면 위축될 수도 있고, 마음 약한 사람 곁에 있으면 제멋대로 행동하게 될 수도 있습니다.

자기 성격에 따라 주변 사람과의 관계가 만들어지기 때문이죠. 여러분의 모습은 주변 사람의 영향을 받아 만들어집니다.

만약 지금 힘들거나 괴롭다면, 스트레스의 원인이 되는 사람과 멀어지세요.

물론, '그렇게 간단히 멀어질 수 없는데' 싶은 사람도 있을 겁니다. 하지만 생각해보세요.

중학교 시절 '이 관계가 내 인생의 전부'라고 생각했거나 '이 친구들과 멀어지면 평생 힘들어질 거야'라고 생각했던 인간관계가 지금까지도 이어지나요?

어른이 된 지금은 아무 상관 없는 경우가 대부분일 것입니다.

'이 관계가 내 인생의 전부'라고 느낄 때는 보통 시야가 좁아졌거나, 잘못된 규칙에 얽매여 있을 때입니다.

싫은 사람만 생각하다 보면,

생이 다하는 순간에 싫은 사람만 떠오를지도 모릅니다.

싫은 사람, 불편한 사람과는 거리를 둡시다.

 Point 싫은 사람에게 미움받는다면
운이 좋다고 생각하자

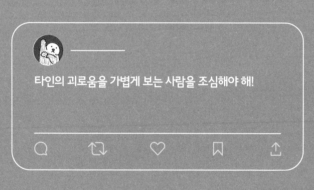

타인의 괴로움을 가볍게 보는 사람을 조심해야 해!

다른 사람의 화는
그 사람이 선택한 기분입니다

항상 짜증 나 있는 상태이거나, 다른 사람 앞에서 쉽게 기분 상한 티를 내는 사람도 있습니다.

자주 화내는 성격일 수도 있고 컨디션이 나쁠 수도 있죠. 나름의 사정이 있겠지만, 자기 기분을 핑계로 다른 사람을 조종하려는 사람도 많습니다.

하고 싶은 말은 하지 않고, 문을 쾅 닫으며 자신의 기분이 나쁘다는 것을 드러내는 배우자, 회의 보고 중에 한숨을 쉬거나 짜증을 감추지 않는 상사, 초대를 거절하면 놀이터에서 만나도 외면하는 아이 친구 엄마를 생각해볼까요.

배우자가 문을 쾅 닫으며 '나 화났어'라고 표현하는 경우, 여러분이 마음 약한 사람이란 걸 알고 그랬을지도 모릅니다.

일의 결과나 성과에 불만을 느낀 상사 역시 '이 정도 짜증 내면, 직원들이 눈치껏 일을 열심히 하겠지' 생각하고 있을지도 모릅니다.

나를 외면하던 아이 친구 엄마들도 '내 호의를 거절하면 어떻게 되는지 알려줘야지'라는 마음이 있을지도 모르죠.

모두 기분 나쁨을 표현함으로써 다른 사람을 조종하려는 행동입니다. 당하는 사람이 참아야 하는 일이 아닙니다. 그런데도 '나 때문에 기분이 상했나?'라며 자책하며 괴로워하는 사람이 있죠.

마음 약한 사람이라면 배우자의 기분을 풀어주려 할 것입니다. 상사의 마음에 들기 위해 더욱 열심히 할 테고, 아이 친구 엄마들과 억지로라도 어울리려고 할 겁니다.

그러나 이 경험이 배우자, 상사, 다른 엄마들에게 일종의 성공 경험이 되어, 앞으로도 싫은 일이 생기면 화를 내고 짜증을 내면서 해결하려고 할지도 모릅니다.

여기서 가장 중요한 점을 말씀드릴게요.

다른 사람이 화가 난 것은 '그 사람의 문제'입니다.
다른 사람의 감정은 '그 사람의 것'입니다.

당신이 어떤 행동을 했건,
그에 대해 '화내기'로 결정한 것은 상대방입니다.
상대방의 화를 신경 쓰거나, 휘둘리지 않아도 됩니다.

이렇게 말해도 신경 쓰는 사람이 있겠지요.
눈앞에 있는 사람이 화를 내면 '내 탓일지도 몰라'라고 생각한다면, 잠시 멈춰 '정말로 내 탓인가?' 생각해봐야 합니다.
레스토랑에서 점원이 실수로 주문을 하나 빠뜨렸을 때 화내는 사람도 있지만, 조금 짜증 내고 마는 사람도 있고, 전혀 개의치 않고 다시 주문하는 사람도 있습니다. 어떻게 반응할지 각자가 선택할 수 있죠.
다른 사람이 화났는지 아닌지는 결국 '그 사람의 영역'입니다. 다른 사람의 감정까지 '내 탓'으로 여기는 것은, 어쩌면 '다른 사람의 영역을 과도하게 침범'한 건지도 모릅니다.

화가 나거나, 기분이 상하거나, 우울한 것처럼 다른 사람이
표출하는 감정이 반드시 '나와 연관이 있다'고 생각하지 않아도
됩니다.

Point 타인의 감정까지 너무 신경 쓰지 말자

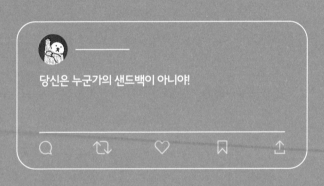
당신은 누군가의 샌드백이 아니야!

물리적 거리를 둘 수 없다면
심리적 거리를 둬보세요

어린아이들은 마음에 들지 않으면 떼를 써서라도 다른 사람을 움직이게 합니다. 아이들이 그렇게 행동하면 귀엽게 보이기도 하고 '어쩔 수 없지'라며 넘겨버리겠지만, 어른들이 그렇게 행동하면 다르게 생각됩니다.

어른 중에는 불만이나 화를 터트려서 상대방을 자기 마음대로 움직이려 하는 태도가 강한 사람이 있습니다.

그런 사람은 그 태도를 인간관계에서 무기처럼 활용합니다.

물론 자신은 '화를 내서 상대방을 내 생각대로 움직이겠다'는 의도가 없었을지도 모릅니다.

그러나 '화'를 내서 상대방을 움직이게 한 성공 경험이 있을 겁니다. 그때까지의 경험을 통해 상대방을 움직이는 데 '화'가 가장 빠르고 효과적이라는 점을 배웠기 때문에, 인간관계에서도 적용하고 있는 것입니다. 함께 지내기에는 상당히 불편한 사람이죠.

그런 사람과는 거리를 두는 것이 좋아요.

친구나 주변 사람 중에 이런 사람이 있다면 바로 거리를 두고, 가능하면 엮이지 않도록 하세요.

타인에게 강한 감정을 터트리는 것도
상당한 폭력이기 때문입니다.

하지만 직장에서 상사나 같은 팀 구성원처럼 피할 수 없는 사람이라면, 이렇게 하기 어려울 테지요.

그럴 때는 '심리적 거리 두기'를 추천합니다.

우선 앞에서 이야기한 것처럼 '다른 사람의 감정'은 그 사람의 것이라고 선을 그어야 합니다. 다른 사람의 감정은 '그 사람의 영역'에 포함되니까요.

눈앞에 있는 사람의 '화'는 어디까지나 그 자신의 문제이며, '여러분 탓'이 아닙니다. 그 사람은 그 사람 나름의 이유로 마음대로 화를 내고 있다는 생각을 갖고 선을 그어봅시다. 그리고 '심리적 거리 두기'를 실천해봅시다.

예컨대 꼭 관계를 유지해야만 하는 상대가 상사라면, 상사를 '사람'이 아니라 '고양이'라고 생각해보세요.

'뭐라고 야옹대는데, 배가 고픈가?'

'하악질을 하는데, 잠시 내버려두면 괜찮아질 거야.'

눈앞에서 화내는 상사를 마음속으로 지켜봅시다.

이렇게 볼 수 있다면, '심리적 거리 두기'에 어느 정도 성공한 겁니다.

심리적 거리 두기를 한 다음,

조금 차분한 기분으로 상대방을 대할 수 있다면,

다른 사람과의 관계도 조금씩 바꿀 수 있을 겁니다.

앞으로 꼭 기억하세요.

'내 탓이라고 생각하지 말고, 잠시 거리를 두자.'

'거리 두기가 어렵다면, 심리적 거리 두기를 실천하자.'

마음을 전하는 것은 중요합니다.
'내 감정을 소중히 여긴다'는 증거니까요

거리 두기를 통해 괴로움이 조금이라도 줄었나요?

그렇다면 이번에는 자신의 마음을 전해봅시다.

'마음을 전하는 것'은 중요합니다.

물론 어떻든 상관없는 사람이나 나에게 그렇게까지 중요하지 않은 사람에게 애써 용기 내어 '내 마음을 전할' 필요는 없습니다.

그러나 중요한 사람이거나 이해받고 싶은 사람이라면 마음을 전해보는 것도 좋은 방법입니다.

상대가 기분 나쁜 태도로 나를 대하면 나도 기분이 나빠진다는 사실을 말해보세요.

그러면 "그랬어? 내가 기분 나쁜 태도였어?"라며 반응할 수도 있습니다. 상대는 자기가 어떻게 행동했는지 전혀 모르고 있었던 거죠.

물론 불필요하게 감정적으로 일이 전개될 가능성도 있지만, 결과야 어쨌든 '내 마음을 전했다'는 사실 자체가 커다란 진전입니다.

노력이 반드시 결실을 보는 것은 아니지만, 내 마음은 전달하는 게 좋습니다. 그것이 '내 마음을 소중히 여기고 있다'는 증거니까요.

마음을 전달할 때는 표현을 신중하게 골라야 합니다.

여러분을 위해 다른 사람을 쉽게 이해시킬 수 있는 비법을 하나 알려드릴게요.

'나'를 주어로 이야기해보세요.

예를 들어 화를 내는 방법으로 배우자를 조종하는 사람이 있다고 해봅시다.

많은 사람이 배우자에게 '당신'을 주어로 이야기합니다.

"당신이 그렇게 화를 내니까 우리가 이 모양인 거야."

그러면 어떻게 될까요?

배우자의 귀에는 "당신이 그렇게 화를 내니까"라는 말밖에 들어오지 않아요. 대부분의 배우자는 '비난받고 있다', '변명해야 해', '지금 당신도 그렇잖아'라고 생각하며 반격할 것이 뻔합니다.

'당신'을 주어로 시작하는 말은 상대방을 '좋다', '나쁘다'로 판단하는 듯한 느낌을 주기 때문에 '나를 공격하고 있어'라고 받아들이기 쉽습니다.

실제로는 상대방에게도 나름대로 생각이나 사정이 있기 마련입니다. 이를 모르는 사람이 멋대로 판단한다고 생각하며 화를 내는 것도 무리가 아니지요.

그런데 '나'로 주어로 시작하면 어떨까요?

"나는 그때 너무 섭섭하고 슬펐어."

"나는 내가 잘못했다고 생각돼서 너무 괴로웠어."

이렇게 말하면 '내'가 느낀 감정을 솔직하게 전하는 것일 뿐, 상대를 판단하고 있지 않습니다. 어디까지나 '내' 이야기일 뿐이니 상대도 공격받는다고 느끼지는 않을 겁니다.

진심을 들은 상대 역시 공격에 대처하느라 불필요한 노력을 하지 않아도 되기 때문에, 그 말에 귀를 기울일 여유와 마음이 생깁니다.

다만, 이야기했다고 해서 반드시 서로 이해할 수 있는 것은 아니라는 점을 기억하세요.

우리 모두는 서로 다른 상식을 갖고 태어난, 전혀 다른 사람이기 때문이죠. 완벽하게 100퍼센트 이해할 수는 없을 거예요.

그러니 '전부 이해한다'거나 '0이냐 100이냐'로 나누는 사고방식에서 벗어나, '이 부분은 이해했는데, 저 부분은 모르겠네. 그래도 이해한 부분이 있으니까 이 정도면 충분해'라는 사고방식이 중요합니다.

 Point '나'를 주어로 내 마음을 전하자

다른 사람은 여러분을 위해
살지 않습니다

인간관계에서 발생하는 문제는 대부분 '다른 사람은 내 생각대로 흘러가지 않는다'는 당연한 사실을 완벽하게 이해하지 못했기 때문에 발생합니다.

다른 사람의 말투가 차갑다고 느껴질 수도 있지만, 이 사실만 알고 있어도 쓸데없이 우울함을 느끼는 시간이 줄어듭니다.

다른 사람을 비난하거나 원망하고 싶을 때 '다른 사람들은 나를 위해 사는 게 아니니 어쩔 수 없지'라고 생각해보면 마음이 진정될 겁니다.

자녀가 내가 원하는 대학에 가지 않으려 할 때, 직장에서 업무 제안이 받아들여지지 않을 때도 '다른 사람은 나를 위해 사는 게 아니니 어쩔 수 없지'라고 생각해보세요.

어떤가요?

'뭐, 어쩔 수 없지'라는 생각에 마음이 조금 편해지지 않나요?

때에 따라서는 포기하는 마음을 잘 이용할 수 있어야 합니다.

그런데 만약 상대방이 '다른 사람은 나를 위해 살지 않는다'라는 사실을 이해하지 못할 때는 어떻게 할까요?

예컨대 항상 필요 없는 물건을 주면서 감사 인사를 강요하는 시어머니가 있다고 해봅시다.

시어머니 입장에서는 감사를 받는 것이 당연하다고 생각할 수 있어요. 하지만 받는 사람 입장에서는 좋아하지 않는 스타일의 옷이나 가족 누구도 먹지 않는 반찬, 공간만 차지하는 물건 같은 것을 받고는 감사해야 하는 상황이 스트레스가 될 겁니다.

그럴 때 "어머님, 저는 어머님을 위해 사는 게 아니니까, 어머님 생각대로 행동하기를 바라진 마세요."라고 말할 수는 없을 거예요.

속 시원한 말이지만 정말 이렇게 말한다면 분명 상황만 나빠집니다.

이럴 땐 부드럽게 거절하는 편이 좋습니다.

"집을 정리하고 있어서 물건을 늘리고 싶지 않아요."라고 말해보세요.

그래도 시어머니가 계속 주려고 하면, 그냥 받기만 하세요. 억지로 사용하거나 먹지는 않아도 됩니다. 시어머니의 마음만 받고, 물건은 버리세요.

다른 사람의 행동은 바꿀 수 없다.

어쩔 수 없는 사실이다.

그러니 내 행동을 조금씩 바꾼다.

이런 식으로 분리하여 생각해보세요.

마음은 받았으니, 죄책감을 느끼지 않아도 됩니다.

'상대방에게 뭔가 받았으니, 거기에 부응해야지'라고 생각하기 시작하면 '다른 사람을 위해', '다른 사람의 생각대로' 살아가게 됩니다.

상대방이 하고 싶은 대로 내버려두되,

나는 다른 사람을 위해 살지 않는다.

이처럼 균형을 잃지 않는 것이 중요합니다.

 상대방이 하고 싶은 대로 내버려두자

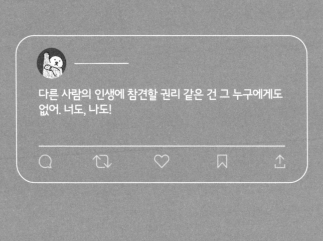

다른 사람의 인생에 참견할 권리 같은 건 그 누구에게도 없어. 너도, 나도!

누구를 위해서라면 노력할 수 있을지
미리 생각해두세요

'나를 소모하지 않는 방식'으로 인생을 살아가야 합니다.

좋은 사람이자 성실한 사람은 나도 모르게 내가 소모되는 인간관계를 유지하는 경우가 종종 있습니다.

예컨대 친구의 고민 상담 전화가 밤늦게까지 이어져 내일 업무에 지장이 있을 것 같다거나, 곤란한 일이 생긴 친척에게 몇백만 원을 빌려주었는데 받지 못하고 있을 때 그렇죠.

업무량이 너무 많아서 힘든데 나만 일하고 있다는 느낌을 받을 때, 일과 육아를 병행하고 있는데 시부모의 간병까지 도맡아야 할 때도 있습니다.

이럴 때는 '나는 나를 위해 살아간다'는 의식을 가져야 합니다. 누군가에게 휘둘리지 않도록, 스스로에게 반복해서 이야기해주세요.

이때 '기대에 부응하고 싶은 사람'의 존재를 떠올려보세요.

괴로울 순 있지만 모든 사람의 기대에 부응할 수는 없어요.

대신 '이 사람의 기대만큼은 보답하고 싶어', '이 사람을 위해서라면 어느 정도 견딜 수 있어' 이런 생각이 드는 사람은 있을 겁니다. '배우자나 아이를 위해 힘내야지', '존경하는 상사의 기대에 부응하고 싶어'처럼 말이죠.

중요한 것은 '누구를 위해서라면' 노력할 수 있는지를 미리 생각해두어야 한다는 점입니다.

이를 생각해놓으면, 상황에 휩쓸려 이용당하거나 괴로워지는 일을 피할 수 있습니다.

'내가 베풀고 싶은 사람'과 '베풀어서는 안 되는 사람.'

이 둘을 구분하는 것은 꽤 중요합니다.

이런 원칙은 '사람'이 아닌 '행동'에도 해당합니다.

예컨대 친구의 고민 상담 전화는 밤 10시 전까지만 받는다거나, 돈은 절대 빌려주지 않는 대신 많이 곤란해 보이면 100만 원까지만 준다거나 할 수 있겠죠. 또 야근을 하게 되면 두 시간 이내로 하되, 그 이상이 되면 상사와 면담을 통해 업무량을 조정한다거나, 시부모 간병은 주 2회만 하는 등의 방법이 있을 수 있습니다. 이런 식으로 '여기까지는 할 수 있다'라는 나만의 규칙을 만들어두는 게 좋습니다.

나만의 규칙이 있다면 조금씩 '조절 능력'을 갖게 됩니다.

'조절할 수 있다'고 생각하면 마음이 편해지지 않나요?

이 부분이 핵심입니다.

애당초 '이용당한다'는 건 내가 모르는 사이에 내가 가진 것을 빼앗기는 일을 의미합니다.

하지만 내가 좋아서 하는 일이라면 단순히 '베풀고 싶은 사람에게 베푼 것'뿐입니다.

내가 베풀고 싶은 사람에게 내가 할 수 있는 범위, 즐거운 범위 안에서만 베풀면 됩니다.

이처럼 현명하게 선을 긋는 행동이 여러분의 마음을 편안하게 만들어 줄 겁니다.

Point 　나만의 규칙을 만들자

'착한' 거짓말은
해도 됩니다

혹시 거짓말은 무조건 나쁘다고 생각하고 있지 않나요?

하지만 거짓말이 다른 특성을 가진 사람 간의 관계를 잘 굴러 가게 만드는 윤활유 역할을 하기도 합니다.

때로는 거짓말이 훌륭한 소통 방법일 수 있습니다.

자기 멋대로 기대하거나 간섭하는 다른 사람의 행동은 받아 주지 않아도 됩니다.

그렇다고 분명하게 거절하거나 부정해서 관계를 불편하게 만들 필요도 없죠.

이럴 때 거짓말이 필요합니다.

예컨대 상사가 여러분에게 "○○ 씨가 큰 실수를 저질렀어. 이런 초보적인 실수를 저지르다니, 있을 수 없는 일이지. 주의하라고 단단히 말해둬."라고 했다고 해봅시다.

하지만 여러분이 보기에는 작은 실수에 불과합니다. 아무래도 일이 뜻대로 풀리지 않아 기분이 언짢은 상사가 평소보다 예민하게 반응하는 상황 같습니다.

이럴 때 상사의 지시대로 강하게 말해야 할까요?

아마도 부드럽게 "크게 문제되진 않지만 다음부터는 주의하세요." 정도로 이야기하고 말겠죠.

혹시 '그건 거짓말인데…'라는 생각이 든다면, '거짓말'에 대해 조금 생각해볼 필요가 있어요.

한편, 이야기를 그대로 전하는 사람이 있다고 해봅시다.

"그러고 보니, 어제 ○○ 씨가 나한테 네가 눈치 없는 사람이라고 하더라. 나는 아니라고 생각하지만 말이야. 너무 했지."

이처럼 하지 않아도 될 말을 굳이 전하는 사람도 있습니다.

저는 다른 사람이 한 부정적인 말을 굳이 전하는 사람을 '싸움 중매쟁이'라고 부르곤 합니다.

본인은 'A씨가 말한 걸 B씨에게 알려주자'라는 단순한 마음일지도 모르지만, 실제로 한 일은 'A씨와 B씨를 싸움 붙이는' 일이 될 뿐입니다. '싸움 중매쟁이'가 맞지 않나요?

부정적인 정보를 굳이 전할 필요는 없습니다.
'침묵한다'라는 선택지도 있으니까요.

험담을 들어보지 않은 사람은 없을 겁니다.
심한 욕인지, 그저 가벼운 정도인지 차이는 있겠지만,
누구나 다른 사람의 험담을 들은 경험이 있을 겁니다.
그러나 험담을 굳이 본인에게 전할 필요는 없습니다.
모르는 편이 좋을 때도 많으니까요.

Point 거짓말과 침묵도 중요한 소통 방법이다

상대를 용서할 때도
나를 중심에 두고 판단하세요

'다른 사람을 용서하기'란 정말 어렵습니다.

예컨대 직장에서 동료가 어떤 문제를 내 탓으로 몰았다거나, 우두머리격인 사람이 나를 의도적으로 소외시킨다거나 하는 일이 있다고 해봅시다.

이런 상황이 당황스럽고 슬프기까지 합니다. 상대방을 '용서할 수 없다'는 생각이 들 만큼 화도 날 겁니다.

하지만 상대를 용서할 수 없다면, 계속해서 괴로운 감정을 끌어안은 채 살아가야 합니다.

이럴 때는 상대방을 용서할 수 있는지를 생각하기보다, '상대방을 용서한 나'를 용서할 수 있을지를 생각해보는 편이 나을 수도 있습니다.

상대방과는 앞으로 함께하지 않을 수도 있지만,
나 자신과는 평생 함께해야 하니까요.

한편, 상대를 용서할 수 없다고 생각하면서도 '내가 참아야 했는데', '난 어떤 말도 할 자격이 없어'라며 나를 비난하는 사람도 있습니다.

이런 사람은 어쩌면,
나를 소중히 여기지 않는 걸지도 모릅니다.
나를 소중히 여기기 위해서라도 생각해보기를 바랍니다.
'상대방을 용서하지 않는 나를 용서할 수 있을까?'

나를 괴롭혔던 사람을 '용서하지 않는 나'를 '어른스럽지 못하다', '나는 몹쓸 존재다'라며 비난할 것이 아니라, '그런 나라도 괜찮다'라고 긍정할 수 있는지 생각해보자는 거죠.

'잘 못하는 나', '어른스럽지 못한 나', '엉망진창인 나'를 긍정해봅시다.

때로는 못난 내 모습을 수용하는 행동이,
나를 소중히 여기고 있다는 증거가 되기도 합니다.

'자기 긍정감'이라는 말이 있습니다. "저렴한 옷을 입고 있으면 자기 긍정감이 낮아진다."고 말하는 사람도 있지만, 그런 의미가 아닙니다.

자기 긍정감은
나의 좋은 모습이든 별로인 모습이든
'있는 그대로의 나를 받아들인다'라는 뜻입니다.

"○○를 할 수 있는 나를 긍정한다."라는 말이 아닙니다.
'일을 잘 못하는', '우수하지 않은', '귀엽지 않은' 나라도 받아들이고, 부정하지 않는다는 것입니다.
어떤 내 모습이라도 있는 그대로를 받아들이고 마주할 수 있어야 합니다.

잘 못하는 나, 엉망진창인 나라도 '소중한 나' 자신입니다.

나를 있는 그대로 받아들이세요.

나를 부정해서는 안 됩니다.

 잘 못하는 나, 엉망진창인 나도 받아들이자

정답이 없는 일에
정답을 찾지 마세요

때로는 이해할 수 없는 사람과 마주할 일도 있습니다.

'왜 항상 다른 사람 말을 끊지?'

'왜 늘 아침부터 기분이 나쁘지?'

'왜 물건을 쓰고 나서 정리할 줄 모르지?'

이처럼 살다 보면 다양한 사람과 마주하게 됩니다.

화가 나서 그 일을 계속 떠올리거나, 그 사람의 얼굴도 보기 싫어지기도 하죠. 하지만 그런 일은 내 인생의 '가성비'를 낮추는 일입니다.

다른 사람에 대해 '이 사람은 왜 이래?'가 아니라, '이 사람은 이런 사람이구나' 정도로 생각하며 살아가면, 적은 에너지로도 인생을 잘 살아갈 수 있습니다.

모두가 가성비를 외치는데,
인간관계에 많은 에너지를 쏟아부어야 할까요.
에너지 절약은 인생을 살아가는 데도 중요합니다.

화를 내는 데도 상당한 에너지와 시간이 쓰입니다.
만약 화를 내서 뭔가를 해결할 수 있으면 다행이지만, 그런 일은 좀처럼 없습니다.

세상에는 여러 종류의 사람이 있고, 다양한 문화나 상식이 존재하기 때문에, 내가 이해할 수 없는 사람이나 내 생각대로 되지 않는 사람도 많습니다.
거기에 매달려 중요한 시간을 허투루 쓰거나, 에너지를 낭비하기에는 내 인생이 너무나도 아깝습니다.
그럴 때는 '이 사람은 이런 사람이구나', '그런 사고방식도 있구나'라는 말을 떠올리며 신경 쓰지 말아야 합니다.

'의견이 다른 사람 = 적'이라고 생각하는 습관이 있는 사람도 상당히 많습니다.

다른 의견을 확고하게 말하면, 놀라서 '이 사람은 다른 사람을 배려할 줄 모르네'라거나 '날 싫어하는 건가'라고 생각하는 사람이 적지 않아요.

자기 의견을 확실히 밝히지 않은 채, 다른 의견을 들으면 '적'이라고 간주하는 일도 있습니다.

하지만 그냥 단순하게 생각하면 됩니다. 의견이 다른 것뿐이죠. 사람은 모두 다르니까 모두 다른 의견을 가지는 것도 당연합니다.

의견이 다른 상대방은 그저 여러분처럼 내 의견을 이야기한 것뿐입니다. 여러분을 공격하려는 의도는 없습니다.

'어느 쪽이 옳은지?', '어느 쪽이 맞는지?'를 확실하게 구분하려 한다면, 아마 그 사람은 흑백논리를 가진 사람일 겁니다.

정답이 없는 일에서 정답을 찾으려고 헛수고하는 사람이 많지만, 유감스럽게도 세상에는 흑백으로 확실히 나눌 수 없는 일로 가득합니다.

나와 다른 의견을 들을 때 '틀렸어!'라고 생각할 것이 아니라,
'그렇게 생각할 수도 있구나'라고 생각해보세요.
이렇게 생각하는 것만으로도 세상살이가 꽤 편해질 거예요.

Point '그렇게 생각할 수도 있구나'라고 생각해보자

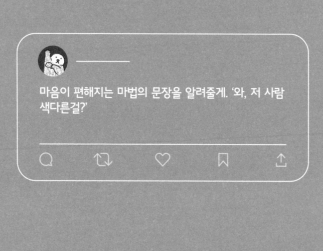

마음이 편해지는 마법의 문장을 알려줄게. '와, 저 사람 색다른걸?'

제4장

나를 받아들인 후에야
진짜 인생이 시작됩니다

: 긍정적인 기분 만들기 습관

'보통 사람'을 인생의
목표로 삼지 마세요

세상에는 '이렇게 해야 한다'는 규칙이 가득합니다.

"모두와 사이좋게 지내야 한다."

"직장에서는 서로 협력해야 한다."

"한눈팔지 말고 일에 집중해야 한다."

"아이에게 화내지 말고 웃는 얼굴로 대해야 한다."

얼핏 보면 다 맞는 말 같아 보입니다.

하지만 정말 그래야 할까요?

꼭 그렇게 하지 않아도 문제없는 일일 수도 있습니다.

누군가에게는 '그런 건 못해'라는 생각이 들 정도로 어렵거나 무리한 일일 수도 있습니다.

누구나 반드시 그래야 하는 일은 아니라는 말이죠.

좋은 사람이나 성실한 사람일수록

'이렇게 해야 한다'를 중시하는 경향이 있습니다.

그 자체는 나쁜 것이 아닙니다.

'해야 하는' 것들은 일이나 일상생활을 하는 데 중요한 규범이 맞습니다.

하지만 그 때문에 내가 점차 힘들어지거나, 오히려 내가 하고 싶은 일을 하나도 할 수 없다면, 어쩌면 이 '해야 한다'를 다시 생각해볼 필요가 있습니다.

현실에는 존재하지도 않는 '보통 사람', '어엿한 사람'이 되기를 원하니 괴로워지는 게 아닐까요?

모든 사람은 각각 다릅니다.

좋아하는 것도, 하고 싶은 일도 다릅니다.

특기나 약점도 다르고, 각자 체력이나 한계도 다르죠.

주변에 막연하게 존재하는 '해야 한다'를 진심으로 받아들이면 '내가 정말로 하고 싶은 일', '내가 행복을 느끼는 일'이 보이지 않게 됩니다.

여러분은 지금 자기 마음이 잘 보이시나요?
'해야 한다'에 매몰되지 않게 내 마음에 집중해야 합니다.

'한창 열심히 일해야 할 나이는 맞지만, 나는 잠시 쉬고 싶어.'
'회사에서는 서로 협력하라고 강조하지만, 솔직히 모든 사람과 맞추기는 힘들어. 애써 맞추고 싶지도 않아.'
'업무나 집안일이 너무 많다고 짜증 내지 않고 아이와 즐겁게 지내고 싶어.'
'자기계발을 해서 계속 나를 발전시키기보다는 한 직장에서 안정적으로 일하고 싶어.'
이런 '솔직한 내 마음' 말이죠.

자신의 마음이 잘 보이지 않는다면,

한 번쯤 이 '해야 한다'는 생각을 내려놔보세요.

'해야 한다'라는 생각을 내려놓으면,

자연스럽게 '하고 싶다'라는 마음이 보일 겁니다.

 Point   꼭 해야 한다는 마음을 내려놓자

사회가 요구하는 '보통'을 연기하는 것만으로도 피곤하지 않아?

'내가 행복하다고 느끼는 일'이
무엇인지 찾아보세요

'무엇을 하고 싶은가?', '어떤 것에 행복을 느끼는가?'

그에 대한 답은 정말이지 사람마다 다릅니다.

예컨대 '휴식' 하나만 놓고 봐도 "쉬고 싶다.", "쉬는 것보다 일하는 게 좋다.", "여행 가고 싶다.", "집에서 편안히 쉬고 싶다."처럼 다양하죠.

이처럼 평범한 일에서 'OO하고 싶다'라는 내 마음을 소중히 여기는 것만으로도 행복할 수 있습니다. 일상에 변화가 일어나기도 합니다.

'행복'은 매우 추상적인 개념입니다.

그러니 '나에게 행복이란 무엇인지'를 깨닫기란 나 자신과 마주하여 내 목소리를 제대로 들어보지 않는다면 상당히 어려운 일입니다.

그럼 어떻게 '나에게 행복'이란 무엇인지 찾을 수 있을까요?

노트나 종이 한 장에 '내가 행복하다고 느끼는 일'을 적어보세요. 작은 일이라도 좋습니다.

행복이란 의외로 별거 아닌 일로 느끼기도 하니까요.

예컨대 따뜻한 카페라테 마시기, 날씨 좋은 날 탁 트인 공원으로 소풍 가기, 말랑말랑한 고양이 발바닥 만지기, 막 건조한 이불 위에 눕기, 좋아하는 공연 보러 가기, 주말에 등산 가기 등 여러 가지가 있어요.

정말 작은 일이라도 좋습니다.

일상에서 '아, 그때 정말 마음이 따스해졌었는데', '그 일을 할때 정말 행복했었지', '요즘 행복하다고 느꼈던 건 그때였어'처럼 충분한 시간을 들여 떠올려보세요.

내 마음과 마주하며 써 내려가다 보면, 생각보다 꽤 많을 수도 있습니다.

이렇게 해보면 '해야 한다'라는 말에 가려져 있던, 다른 사람이 말하는 행복에 좌지우지되어 선명하지 않았던 내 행복의 형태가 점차 뚜렷하게 드러날 거예요.

만약 나에게 행복이란 무엇인지 아직도 감이 잡히지 않는다면, '잃고 싶지 않은 것'을 써보세요.

'나에게 무엇이 필요한지'가 아니라,

'내가 잃고 싶지 않은 것이 무엇인지'를 생각해보면,

의외로 '나의 행복'이 무엇인지 확실해질 겁니다.

'하던 일에서 인정받아, 성공하고 돈을 많이 버는 것'이 나에게 행복한 일인지 아닌지 모르겠나요?

그렇다면 지금 소중하다고 여기는 가족과의 시간이 줄어든다면 어떨지 생각해보세요.

'가족과 보내는 소중한 시간만큼은 잃고 싶지 않아'라고 생각했다면, 잃고 싶지 않은 것은 '가족과의 시간'입니다.

이런 식으로 '잃고 싶지 않은 것'을 생각하다 보면, '내 행복의 형태'가 막연하게나마 보이기 시작할 겁니다.

여러분의 행복, 여러분이 잃고 싶지 않은 것은 무엇인가요?

Point '잃고 싶지 않은 것'을 써보자

'내가 행복하다고 느끼는 일'은 무엇인지 써보자.

'내가 잃고 싶지 않은 것'은 무엇인지 써보자.

다른 사람의 말로
내 행복의 형태를 결정하지 마세요

인생에서 행복이 보이지 않는 사람도 있겠지요.

'나는 이렇게 되고 싶어', '이런 인생을 살 수 있으면 좋을 텐데'라는 부분을 깨닫기 어렵다면 말입니다.

'내 행복'이 무엇인지 모르면, 어느새 부모나 친구 등 '남들이 말하는 행복'을 좇게 됩니다.

예컨대 학교나 직업을 정할 때 부모님 말씀대로 좋은 학교에 들어가, 공무원이 된 사람이 있다고 해봅시다.

예측 가능한 미래 덕분에 삶이 안정적일 수도 있고, 그 자체로 행복할 수 있겠지만, 설레거나 가슴 뛰는 모험을 겪어보고 싶은 사람은 전혀 행복하지 않을 수도 있습니다. 부모가 말하는 행복과 내가 생각하는 행복은 다르기 마련입니다.

다른 사람이 하는 말은
그저 다른 사람이 하는 말이니까요.
부디 다른 사람의 말로
내 행복의 형태를 결정하지 마세요.

어떤 내가 되고 싶은지,
어떤 인생을 살아가고 싶은지,
당당하게 이야기할 수 있는
나만의 기준을 만들기 바랍니다.

여러분에게는 어떤 모습이 행복하게 사는 모습인가요?

정직원이 되어 안정적으로 일하는 데서 행복을 느끼는 사람도 있지만, 프리랜서로 일하며 시간이나 장소에 얽매이지 않는 삶이 행복한 사람도 있습니다.

결혼해서 가정을 이루는 삶이 행복한 사람도 있지만, 열심히 일하며 홀로 자유롭게 사는 삶이 행복한 사람도 있습니다.

좋아하는 장소에 내 집을 짓는 삶이 행복한 사람도 있지만, 가벼운 마음으로 월세를 내며 다양한 장소에서 살아보는 삶이 행복한 사람도 있습니다.

내가 어떤 것에 행복을 느끼는지 모른다면, 홀로 자유롭게 살다가도 결혼한 친구를 부러워하거나, 살고 싶던 지역에 정착하고도 세상을 떠돌아다니는 친구의 삶을 질투하는 등 아이러니한 상황에 빠지게 됩니다.

그럼 어떻게 하면 '다른 사람이 하는 말'과 '내 행복'이 다르다는 사실을 알 수 있을까요?

마찬가지로 '내가 그렇게 생각하는지'와 '그래야 한다'를 구분해서 생각할 수 있어야 합니다.

지금, '그래야 한다'고 생각하는 일을 떠올려보세요.

'첫 직장은 대기업이야 한다.'

'꿈을 좇을 때가 아니라, 안정된 직장에 취직해야 한다.'

'빨리 결혼해서 부모님의 걱정을 덜어드려야 한다.'

'이상형이 멋있고 유머러스한 사람이지만, 결혼은 온화한 성

격의 안정된 직장에서 근무하는 사람과 해야 한다.'

'가족과는 싫은 일이 있어도 잘 지내야만 한다.'

이런 일들이 있을 수 있겠죠.

이제 내 마음에 이렇게 물어보세요.

'정말 그래야만 하는가?'

'스스로도 그렇게 생각하는가?'

그러면 '아니, 그렇지 않아.'

'나는 안정된 일보다 좋아하는 일을 하고 싶어.'

'부모님을 생각해서 결혼해서는 안 돼. 정말로 좋아하는 사람, 성격이 잘 맞는 사람과 결혼해야지.'

이처럼 내 마음의 소리가 떠오르겠지요.

이것이야말로 '내가 그렇게 생각하는 것'입니다.

'내가 그렇다고 생각하는' 내 마음과 마주하여 집중해보세요.

'○○해야 한다'는 생각이 강한 사람은 '내 마음'을 꼭꼭 숨기기 쉽습니다.

그러니 '하고 싶은 일'이나 '되고 싶은 내 모습'이 보이지 않아서 '행복의 형태'를 발견하기 어려운 겁니다.

가끔은 시간을 들여 나 자신과 마주하고 '내가 그렇게 생각하는지'와 '마땅히 그래야 하는지'를 구분하여 생각해보시기를 바랍니다.

Point '내가 그렇게 생각하는지'와
'꼭 그래야 하는지'를 나눠서 생각해보자

'마땅히 그래야 한다'고 생각하는 일을 써보자.

'꼭 그래야 할까?', '나도 그렇게 생각할까?'
마음에 물어보자.

나 자신에게 너무
엄격하지 않아도 됩니다

인간관계에서 이해할 수 없는 일이 벌어졌을 때나 트집이 잡혔을 때 '내가 잘못했어', '나만 잘했어도'처럼 자꾸 반성하는 사람이 있습니다.

'나를 바꾸고 싶어', '이대로는 안 되겠어'라며 자신을 바꾸고 싶어 하는 사람은 어쩌면 스스로에게만 너무 엄격한 건지도 모릅니다.

예를 들어 직장에서 큰 프로젝트를 따내지 못했다고 해봅시다. 여러분으로서는 최대한 애를 썼지만, 도중에 얘기치 못한 다른 문제가 생겼습니다. 애당초 내정자가 있었거나, 거래처의 상황이 생각과 달랐을 수도 있죠.

그런데도 상사는 "뭐야, 그 건은 진행이 잘 인 된 거야?"라며 불편한 심기를 드러내며 자리로 돌아가버렸다고 해봅시다.

이럴 때 '100퍼센트 내 잘못이야. 상사를 화나게 했어'라고 생각하는 사람이 있습니다.

하지만 모든 일이나 인간관계에서
어느 한쪽이 100퍼센트 잘못한 경우는 없습니다.

'모두 내 탓이야'라고 생각하는 일의 대부분이 '100퍼센트 나만의 탓'은 아니라는 거죠.

이럴 때는 원인을 생각해보고 그것을 수치화해보세요.

'그런 일이 생기다니, 어쩔 수 없는 부분도 있었겠지.'

'상대측에 어떤 사정이 있을 거야, 그쪽 나름대로 의도가 있었을 테니까.'

'그래도 조금 다르게 대응했더라면 좋았을 텐데. 그건 뭐, 내 탓이지.'

이런 식으로 몇 가지 원인을 떠올려보는 거죠.

그리고 각각의 원인이 몇 퍼센트 정도의 비중을 차지하는지도 생각해보세요.

사고 20%, 거래처의 사정 30%, 내 능력이나 대처 50% .

이런 식으로 말이죠.

이렇게 차분히 생각해보면 '100퍼센트 내 문제'는 아니란 사실을 깨닫게 되지 않나요?

물론 어디까지나 내 마음대로 정한 정확하지 않은 숫자이지만, 이렇게 수치화해보면 나 자신만 비난할 필요는 없다는 점을 깨닫게 됩니다.

나에게 잘못한 점이 없다고는 할 수 없습니다.

하지만 모든 일이나 인간관계에서 100퍼센트는 없습니다.

너무 내 탓만 하면서 엄격하게 판단하지 마세요.

 잘못을 수치화해보자

지나친 남 탓도
위험합니다

반대로 '100퍼센트 상대방이 잘못했다'고 생각하는 사람도 있습니다. 무슨 일이건 '남 탓'을 하는 사람 말이죠.

뭔가 문제가 생겼을 때 내 탓만 하는 성향을 '자책 사고'라고 하며, 남 탓만 하는 성향을 '타책 사고'라고 합니다.

자책 사고도 문제지만 무슨 일이건 남 탓을 하는 타책 사고도 위험합니다. 타책 사고를 하는 사람은 직접적인 스트레스를 느끼지는 않습니다. 하지만 내가 고쳐야 할 점이 보이지 않기 때문에 발전하기가 쉽지 않고, 주변 사람들과 문제도 많고, 신뢰

관계를 형성하기 어렵다는 간접적인 문제로 스트레스를 느끼기 쉽습니다.

타책 사고가 너무 강할 때는 어떻게 하면 좋을까요?

조금만 다르게 생각하는 습관을 들여보세요.

만약 '전부 상대방 탓'이라며 짜증 나거나 '항상 부모님 탓에 일이 잘 안 풀린다'라고 느껴 우울해질 때, 이렇게 생각해보는 겁니다.

'100퍼센트는 아니지. 만약 100퍼센트가 아니면 그 외에는 어떤 원인이 있었을까?'

예컨대 배우자가 집안일을 하지 않아서 혼자 다 하느라 매일 녹초가 된다면, 내가 녹초가 되는 것은 정말 '100퍼센트 배우자의 탓'일까요?

배우자에게 무슨 일을 하면 좋을지 말하지 않았거나, 집안일 하는 방법을 알려주지 않았거나, 너무 당연히 '알아서 해야 한다'라고 생각했거나, 한 번쯤 집안일은 할 거면 완벽하게 하라고 역정을 냈을지도 모릅니다.

이런 경우라면 '내 탓'인 부분도 조금은 있는 것 같죠.

이렇게 '만약 100퍼센트 배우자의 탓이 아니라고 하면, 그 외에는 어떤 원인이 있었던 거지?'라고 생각해보자는 거죠.

'내가 잘못한 점이 있다면 '말하는 방식'이려나?', '내가 너무 완벽하기를 바란 건지도 몰라', '미리 해두라고 이야기하지 않았던 것도 하나의 원인인 것 같아' 이런 생각을 떠올리는 사이에 느껴지는 부분이 생길 겁니다.

'아, 나에게도 잘못한 부분이 있었구나!'

어떤가요?

'100퍼센트 남 탓'하는 나를 바꾸는 계기가 되지 않을까요?

'나를 비난하지 말라'는 이야기가 아닙니다.

'이유나 원인을 생각해보는 것'과

'내 책임을 추궁하는 것'은 다릅니다.

인간은 쉽게 '나는 틀리지 않았어'라고 생각하는데,

나도 틀릴 수 있고 착각할 수 있습니다.

나에게도 잘못된 점이나 원인이 있을지도 모릅니다.

이유나 원인을 파악해보세요.

그럼 어느 정도는 문제를 피하며 살 수 있습니다.

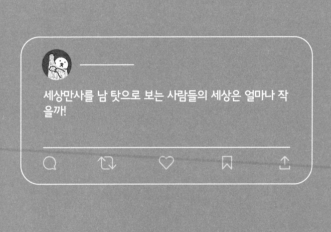

세상만사를 남 탓으로 보는 사람들의 세상은 얼마나 작을까!

실수한 나를
지나치게 비난하지 마세요

크게 잘못 하지도 않았는데, 미안해하는 버릇이 있는 사람들이 있습니다.

쉽게 '미안하다'고 말한다거나 매일 야근을 하는데도 '내가 일을 잘 못하기 때문'이라고 생각한다거나 바빠도 메시지 답장부터 얼른 해줘야겠다고 생각하는 사람들 말입니다. 칭찬받아도 '아니에요'라고 말하며 손사레를 치는 사람도 있지요.

이처럼 자신을 필요 이상으로 낮추며 살아가는 사람들이 있습니다.

물론 내가 잘못하거나 실수했을 때 '죄송합니다'라고 바로 사
과할 수 있는 것은 장점입니다.

또 내가 잘못하지 않았더라도 '죄송합니다'라고 사과함으로
써 상대방의 화가 한풀 꺾인다면 사과하는 것도 나쁘지 않죠.
'죄송합니다'라는 말을 무기로 사용하는 경우니까요.

상대방이 감정적이라 이야기를 듣지 않는다면, 일단 "죄송합
니다."라고 말하며 냉정해지기를 기다립니다. 일종의 '마취총'
같은 것이죠.

이처럼 '죄송합니다'라는 말을 무기로 쓸 수 있다면, 저는 그
것도 좋다고 생각합니다. 이런 말을 쓰는 것도 관계의 기술 중
하나이니까요.

하지만 '죄송합니다' 다음으로 '제가 뭐라고', '제가 잘못해서'
처럼 나를 부정하는 말을 하는 것은 주의해야 합니다. 그럴 때
는 잠시 멈춰보세요.

예컨대 업무에서 실수했을 때 '나는 일도 제대로 못 하는 멍
청이야'라며 우울해질 때가 있습니다. 물론 '실수한 나'를 비난
하게 되는 기분도 이해합니다.

또 내 실수 때문에 피해를 입은 상대방에게는 반드시 사과해

야 하는 것도 맞습니다.

그러나 업무 중 실수를 '나는 멍청이다'라는 자기 부정과 바로 연결하지는 마세요.

'실수를 사과하는 것(일어난 일)'과

'실수 때문에 나를 부정하는 것(자기 평가)',

이 두 가지를 구분해야 합니다.

실수한 뒤 바로 '나는 멍청이야', '이런 실수를 하다니, 남들이 뭐라고 하겠어'처럼 자신을 부정적으로 평가하는 행동은 멈추세요.

'곧바로 답장하지 못한 것을 사과하는 것'은 좋지만, '나는 사람을 기다리게 만드는 이기적인 사람이야'라고 자신을 부정하지는 마세요.

'생각지도 못한 칭찬을 받아서 놀랐다'는 괜찮지만, '나는 그렇게 칭찬받을 만큼의 가치는 없는데'라고 자신을 부정하지는 마세요.

일단 나를 부정하는 마음을 느꼈다면,

'잠시만 이 마음을 내려놓자.'

이렇게 생각하는 것만으로도 충분합니다.

 나를 부정하는 마음은 잠시 내려놓자

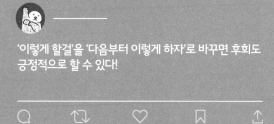

'이렇게 할걸'을 '다음부터 이렇게 하자'로 바꾸면 후회도 긍정적으로 할 수 있다!

내가 가진 본래의
내 모습을 소중히 여기세요

주변 사람들이 여러 가지 충고를 해줄 때가 있습니다.

"그 정도 작은 일에 너무 신경 쓰지 마.", "내가 다 해보고 하는 말이야. 새겨들어.", "눈치 있게 주변을 좀 살피자."처럼 말이죠.

이런 말들은 별 의미 없는 가벼운 말일 때도 있지만, '내가 바라는 대로 해'라는 불합리한 의도를 가질 때도 있습니다.

그런데 성실한 사람이거나 좋은 사람, 친절한 사람은 이럴 때 곧이곧대로 '그래, 그렇게 해야지', '그렇네, 이런 방법이 있었네'라며 반성하거나 고치려고 합니다.

'나쁜 점은 바로 고쳐야지', '부족한 부분은 얼른 갖춰야지', '이대로는 안 되겠어'라며 지적받은 부분, 누군가와 비교했을 때 부족하다고 생각한 부분을 채우려 애쓰기도 합니다.

자기만의 '반성'과 '개선'이라는 울타리 안에서 '이렇게 했으면 좋았을걸', '저번에도 이랬는데'라며 자신을 비난하거나 반성하고 고치려고 노력합니다.

그런데 그 '반성'과 '개선'이 스스로에게 정말로 의미 있고 소중한 것일까요?

누군가의 의미 없는 한마디나 불합리한 말 때문에
여러분의 특성이나 장점을 억누르거나 버리는 건 아닐까요?

'작은 일에 신경 쓴다'는 특징은 '섬세하여 꼼꼼하게 챙긴다'라는 장점이 되기도 합니다.

'남의 말을 순순히 듣지 않는다'는 점은 '모든 일을 있는 그대로 받아들이기보다, 비판적으로 생각한다'라는 좋은 점으로 연결되기도 하죠.

'주변을 살피지 않는다'는 점은 '집중력이 높다'는 것을 의미하기도 합니다.

이렇듯 섣부른 반성과 개선은 '나의 장점', '내가 가진 본래의 특성'을 억지로 없애는 일이 될 수도 있습니다. 그러니 조급하게 반성하거나 고치려 하지 말고, 우선 내 몸과 마음을 돌보고 평정을 되찾은 후에 고쳐도 충분합니다.

누군가가 신경 쓰이는 말을 하거나 마음에 꽂히는 말을 했다면, 바로 반성하며 고치려 하지 말고, 잠시 멈춰 내 몸과 마음부터 돌보세요.

그리고 몸과 마음이 평온할 때 그 말을 다시 떠올려보세요.

예컨대 노트에 그 말을 적어보고 '그 말의 진짜 의미는 무엇인가?', '정말로 반성할 점, 개선할 점이 있는가?', '그 반성이나 개선으로 인해 '나다움'이 손상되지는 않는가?' 이런 점들을 살펴보세요.

누군가 의미 없이 던진 말 때문에 '나를 바꿔야지', '이대로는 안 되겠어'라며 반성하고 고치려 하기 전에, 우선 내 몸과 마음부터 돌보고 안정된 상태에서 나 자신과 마주해야 합니다.

그리고 '내가 가진 본래의 특성', '있는 그대로의 나'를 소중히 여기기 바랍니다.

그다음에 자연스럽게 나를 바꾸고 싶다는 생각이 들면,

그때 그렇게 하세요.

 조급하게 나를 바꾸려 하지 말자

'신경 쓰이는 말', '마음에 꽂히는 말'은
무엇인지 써보자.

'반성할 점', '개선해야 할 점'이 있는지,
'나다움'이 손상되지 않는지 쓰면서 생각해보자.

자신의 한계를
알아두세요

저는 진료실에서 "이거 하라, 저거 하라 일만 할 줄 알지, 정작
나 자신이나 가족은 내버려두는 것 같다."라는 고민을 듣곤 합
니다.

성실하게 노력하는 사람 중에 이런 고민을 하는 사람이 많습
니다.

물론 노력해서 성과가 난다면 좋지요. 그러나 과도하게 노력
한 나머지 매일 녹초가 되거나, "더 이상 못 해 먹겠다."라며 번
아웃에 빠졌다면, '적당히' 해도 괜찮습니다.

적당히 잘 해내는 비결은

자신의 한계를 넘기 전에 '적당히 해도 되는 부분이 있는지'

찾아보는 습관을 들이는 것입니다.

예컨대 지금 하는 일도 많은데 상사가 또 급한 일을 줬다고
해봅시다. 적당히 해도 되는 부분이 있는지 찾아보는 버릇이 없
다면 이렇게 생각할지도 모릅니다.

'지금 하는 일도 안 끝났는데…'

'상사가 시킨 일을 거절할 수도 없고….'

'일하기 너무 힘들다.'

'회사를 때려치우든가 해야지.'

그러나 적당히 해도 되는 부분이 있는지 찾아보는 버릇이 있
다면 생각이 달라집니다.

'지금 하는 일도 안 끝났는데…'

'상사가 시킨 일을 거절할 수도 없고….'

'일하기 너무 힘들다.'

'어떡해야 덜 힘들지? 지금 가장 중요하지 않은 일이 뭐지?'

그럼 다음과 같은 해법을 떠올릴 수도 있습니다.

'지금 하는 일의 마감을 조금만 미룰 수 있을지 물어보자.'

'이 일은 ○○ 씨에게 도와달라고 해보자.'

무리하게 일을 잔뜩 받아놓고 '더 이상 못 해 먹겠다' 같은 상황을 만드는 것보다 훨씬 낫죠.

이렇게 하려면 평소에 내가 얼마간의 시간 동안 어느 정도의 일을 할 수 있는지, 어느 정도 일하고 나면 휴식이 필요한지처럼 자신의 한계나 체력, 할 수 있는 일의 범위를 인지하고 있어야 합니다.

사람마다 한계도 체력도 능력도 다릅니다.

소중하게 여기는 가치도 다르죠.

그러니 '자신의 한계를 알아두는 것'이 꼭 필요합니다.

'한계에 도달할 것 같으면, 적당히 해도 되는 부분을 찾아보는 습관을 들여보세요.

혹시 '주 5일 근무는 대체 누가 정한 거야?'라고 생각해본 적은 없나요?

사실 저는 '주 5일 근무, 2일 휴식은 도대체 누가 언제 정한 거지? 4일, 3일로 나눴으면 좋았을걸, 나누기 좀 잘해주지'라며 상식에 태클을 걸기도 하며 살아가고 있답니다.

 Point 적당히 해도 되는 부분이 있는지 찾아보자

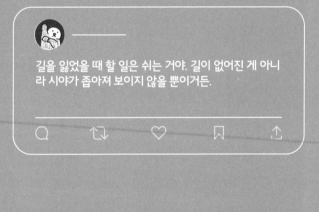

길을 잃었을 때 할 일은 쉬는 거야. 길이 없어진 게 아니라 시야가 좁아져 보이지 않을 뿐이거든.

바꿀 수 있는 것에 집중하며
미래를 살아가세요

세상을 살다 보면 '모든 일의 원인이 하나'로 귀결되는 일은 좀처럼 없습니다.

예를 들어 의사가 진찰할 때 "인지 장애의 발생 원인은 일입니다."라고 하는 경우가 있지만, 그렇게 간단하지 않은 경우가 훨씬 많습니다.

물론 일도 원인 중 하나겠지만, 보통은 여러 가지 이유가 중첩되어 발생합니다. 당사자가 받아들이는 방법(인지)의 문제일 때도 있고, 주변에 의지할 수 있는 사람이 없거나, 부모와의 관계에 문제가 있는 등 다양한 문제가 배경에 겹쳐 있곤 합니다.

따라서 사물을 '0과 100'으로만 판단하는 '흑백논리'로 생각하지 않으려는 자세가 필요합니다.

일본에서는 한때 '부모 뽑기'親ガチャ라는 말이 유행했습니다.('부모 뽑기'라는 말은 부모는 뽑기처럼 운에 달렸다는 의미로, 어떤 부모 밑에서 태어나느냐로 유복한 인생과 그저 그런 인생으로 나뉜다는 격차 사회 풍자에 사용된다. 일본에서 '2021년 유행어 대상' 후보에 오를 정도로 유행했다. 우리나라의 금수저, 흙수저와 유사하다 -옮긴이) '내가 불행한 이유는 부모 탓'이라는 사고방식이죠.

부모가 커다란 영향을 미치는 것은 맞지만,
부모 때문에 앞으로 내가 아무것도 할 수 없는 건 아닙니다.

부모가 아니더라도 신뢰할 수 있는 사람을 찾을 수 있고, 앞으로 부모와 거리를 두고 사는 방법도 있습니다.

물론 원인을 전혀 고려하지 않아도 된다는 말은 아닙니다.

우리 주변에는 엄격한 부모 탓에 어려서부터 자기주장을 할 수 없었고, 지금까지도 다른 사람에게 하고 싶은 말을 하지 못하는 사람도 있습니다. 만약 내가 그렇다면 '부모의 영향으로 내가 이런 특징을 갖게 되었구나'라고 알아두면 좋은 인간관계를 구축하는 데 도움이 됩니다.

부모님이 엄격했던 과거 자체는 바꿀 수 없습니다.

부모를 용서할 필요도 이해할 필요도 없지만, '바꿀 수 없는 것'에 집착하느라 앞으로 다가올 '나의 소중한 시간'을 허투루 쓰지는 마세요.

바꿀 수 없는 것에 집중하느라 시간을 허비하기보다, 바꿀 수 있는 것으로 눈을 돌려 미래를 살아가는 편이 훨씬 현명하지 않을까요?

나를 바꾸고 싶을수록 바꿀 수 있는 것과 바꿀 수 없는 것을 구분할 수 있어야 합니다. '하고 싶은 말을 하지 못하는 나를 바꾸고 싶다'라고 가정해보고, 바꿀 수 있는 것과 바꿀 수 없는 것의 목록을 작성해봅시다.

[바꿀 수 있는 것]

- '하고 싶은 말'이 무엇인지 잘 모르겠다
  → 내 감정을 정확하게 파악해보자

- 초대를 거절하기 어렵다

  → 처음이 어렵다. 딱 한 번만 거절해보자

- 나도 모르게 주변 의견에 동조하고 만다

  → '그건 아닌데'라는 생각이 든다면 차라리 침묵하자

- 마음대로 하는 친구 때문에 힘들다

  → 의견을 물어보지 않는 친구와는 거리를 두자

[바꿀 수 없는 것]

- 부모가 자기 생각을 밀어붙인다

  → "그만 하세요."라고 말할 수는 있지만 기본적으로 부모
  는 바뀌지 않는다

- 회사의 갑질에 아무 말도 못한 채 알아서 직장을 그만둔 기
  억이 떠오를 때마다 괴롭다

  → 과거는 바꿀 수 없다

이렇게 목록화해보면 [바꿀 수 있는 것]은 '미래'나 '나'와 관
련되어 있고, [바꿀 수 없는 것]은 '과거'나 '타인'과 관련되어 있
다는 점을 알 수 있습니다.

미래로 시선을 돌리는 것을 '미래 지향적 사고', 과거로 시선을 돌리는 것을 '과거 지향적 사고'라고 합니다.

우리는 과거의 실패나 경험을 통해 배움을 얻으므로 과거 지향적 사고가 무조건 나쁘다고 할 수는 없겠지요.

하지만 '나를 바꾸고 싶다', '한 발짝 더 나아가고 싶다' 이렇게 생각한다면 미래 지향적으로 사고해야 합니다.

실패했을 때 '그렇게 했으면 좋았을걸'이라고 생각하는지, '다음에는 이렇게 해보자'라고 생각하는지에 따라, 세상을 보는 방법에 큰 차이가 생기니까요.

Point '바꿀 수 있는 것'과 '바꿀 수 없는 것'을 써보자

'바꿀 수 있는 것' 목록을 써보자.

'바꿀 수 없는 것' 목록을 써보자.

제5장

항상 내 관점에서 정해야 합니다

: 주도적인 태도 만들기 습관

나를 바꾸고 싶을 때는
내 관점에서 정해야 합니다

저는 지금까지 "변하고 싶다."는 사람에게 "변하지 않아도 괜찮다."고 이야기했습니다.

스스로 변하고 싶을 때는 보통 우울하거나 괴롭거나 고민되는 상황일 때가 많고, 그럴 때의 '변하고 싶다'라는 마음은 '지금까지의 나로는 안 되겠어', '지금보다 더 발전하지 않으면…'처럼 지금의 나를 부정하는 것이기 때문입니다.

그리고 변해도 괜찮을 타이밍에 대해서도 이야기했습니다.

정말로 변화를 주고자 한다면 너무 애쓰거나 무리하지 않아도 되는 좋은 상태일 때, 내 안에서부터 변하고 싶다는 생각이 자연스럽게 들 때가 좋습니다.

자신에게 맞는 적절한 타이밍에, 마음이 건강할 때 '바뀌자' 라고 생각하게 될 때 말입니다.

이 장에서는 바람직한 변화를 이루는 데 도움이 될 만한 방법을 소개하려 합니다.

'나를 바꾸고 싶다'고 생각할 때 중요한 부분이 있습니다.

바로 다른 사람의 개입입니다.

'다른 사람의 평가'로 인해 나를 바꾸려고 하면 안 됩니다.

나를 바꾸고 싶을 때 '이런 사람이 되고 싶어' 같은 이상형을 갖기도 합니다.

'(다른 사람들에게 잘 보일 수 있게) 지금보다 훨씬 밝은 사람이 되고 싶어', '(다른 사람과 비교해서) 일을 잘하는 사람이 되고 싶어'처럼 말이죠.

물론 그렇게 생각하고 목표로 갖는 것도 나쁘지 않지만, 다른 사람의 평가 중심으로 자신을 바꾸는 것은 그렇게 추천하고 싶지 않습니다.

다른 사람의 평가를 신경 쓰는 것은

'내 가치를 다른 사람에게 맡기는 것'이기 때문입니다.

나의 가치를 다른 사람이 정하게 내버려둬서는 안 됩니다.

다른 사람의 평가로 변하려고 하지 마세요.

인간은 다양한 면을 가지고 있습니다.

표정이 밝을 때가 있는가 하면,

어두울 때도 있습니다.

다른 사람들에게 친절할 때도 있지만,

친절하지 못할 때도 있습니다.

내 능력을 충분히 발휘할 수 있는 업무 환경이 있고,

그렇지 못한 환경도 있습니다.

있는 힘껏 노력할 수 있는 시기가 있고,

그저 하루하루를 버텨내기 급급한 시기도 있습니다.

그 시기나 타이밍은 사람마다 다릅니다.

인생의 일부분만 잘라내어 평가하는 다른 사람의 말 따위, 큰

의미를 두지 않아도 좋습니다.

자신을 변화시키려 할 때는 내 관점, 내 기준으로 변해야 합니다. 꼭 기억하세요.

 내 가치는 내가 결정하자

————————

누군가 대단하다고 느낀다면 그 사람이 대단하다는 사실만 기억해. '나는 안 된다'는 생각은 하지 마.

거절할 용기를
가져보세요

'나를 바꾸고 싶다'고 생각했을 때는 일단 쉬어보세요.

"바꾸고 싶다는 생각이 들 때 바로 행동으로 옮기는 게 좋지 않나요?"라는 분도 있겠죠.

하지만 무엇인가를 행동으로 옮기는 데도 에너지가 필요한 법입니다. 그러니 먼저 에너지를 모아두어야 합니다.

에너지가 부족한데 조급하게 행동하면 금방 지치거나, 일이 틀어지거나, 불안해져서 자신감을 잃을지도 모릅니다.

에너지를 모을 때는 거절할 용기를 가지세요.

주변을 지나치게 신경 쓰거나 다른 사람의 평가에 부응하려다 보면 자신을 소모하게 됩니다. 내가 소모될 것 같으면 당당하게 거절해보세요.

이런 식으로 거절하면 됩니다.

직장에서 상사가 "내일까지 이 자료들 정리해 와."라고 무리한 일을 시킨다면, 진척 상황을 보고한 뒤 마감을 모레까지로 미뤄보세요.

시어머니가 갑자기 "지금 집에 좀 들리렴."이라고 하면, "오늘은 일이 있어서요."라고 거절해보세요.

직장 동료가 "이번 주 금요일에 퇴근하고 회식하자."라고 하면, "저는 점심 회식이 좋아요."라거나 "저는 다음에 참석할게요."라고 거절해보세요.

이처럼 무리할 수밖에 없는 일이나 버겁게 느껴지는 요청, 하고 싶지 않은 일, 설레지 않는 일, 할 필요가 없는 일에는 확실하게 싫다고 말하는 편이 좋습니다.

거절해도 괜찮아요.

누구에게나 싫은 일은 싫다고 거절할 권리가 있습니다.

물론 상대에 따라서는 기분 나빠하며 '제멋대로군', '차가운 사람이네'라고 생각할 수도 있습니다. 그렇지만,

누구 하나가 이렇게 평가한다고
여러분의 가치가 갑자기 떨어지지 않습니다.
누가 어떻게 생각하건,
여러분의 가치는 그대로입니다.
바뀌지 않아요.

단순히 여러분에 대한 평가가 '예측할 수 있는 사람'에서 '예측 불가한 사람'으로 바뀌는 것뿐입니다. 여러분의 가치는 여러분 스스로 정하세요.

거절할 때 상대가 어떤 반응을 할지 몰라 두려운 사람도 있겠지요. 걱정 마세요. 그런 사람은 마음속으로 이렇게 생각해보기를 추천합니다.

'내가 아니면 아닌 거야.'

악의 섞인 반응을 보이는 사람이 있다면, 내가 사극 속 왕이라도 된 것처럼 이 한마디면 충분합니다.

'저 사람은 콧대가 높군.'

나를 위해 거절하세요.

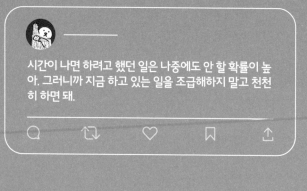

시간이 나면 하려고 했던 일은 나중에도 안 할 확률이 높아. 그러니까 지금 하고 있는 일을 조급해하지 말고 천천히 하면 돼.

나 자신에게 무엇이 필요한지, 무엇을 버려야 할지 생각해보세요

나를 바꾸기로 마음먹었을 때는 '좋아, 잘 해보자!'라며 힘껏 노력하려 들기 십상입니다.

그런데 말이죠, 노력하는 사람이 아니라, 적당히 힘을 뺄 수 있는 사람이 되어야 합니다.

"신은 극복할 수 있는 시련만 준다."는 말이 있습니다.

마음에 새겨두지 마세요. 운 좋게 극복한 사람들이나 하는 말입니다. 그런 말을 무작정 믿고 따르다가는 부러지기 쉽습니다.

사람마다 한계가 다르니, 내게 얼마나 중요한 일인지 판단해 시간을 투입해야 승부에서 이길 수 있습니다.

힘 줄 곳은 주고, 힘 뺄 곳은 빼고, 요령 있게 해야 합니다.

혹시 '요령 좋은 사람'이라고 하면 치사하고 뻔뻔한 사람, 강한 사람에게 아첨하며 이득 보는 사람, 얄미운 사람처럼 부정적인 느낌부터 드나요?

'저 사람보다 내가 더 성실하고 애쓰는데, 저 사람만 행복해 보이고 짜증 나!' 이런 생각이 드는 사람도 있겠지요.

제가 생각하는 요령 좋은 사람은
나에게 무엇이 필요하고, 무엇이 필요 없는지를 아는 사람,
나에게 필요 없는 것을 버릴 용기가 있는 사람,
내 한계를 잘 아는 사람,
'꼭 해야 하는', '반드시'라는 말에 휘둘리지 않는 사람,
완벽하게 해내지 못해도 괜찮은 사람,
'나만 참으면 된다'며 자기를 희생하지 않는 사람입니다.

어쩌면 요령 좋은 사람처럼 생각하고 행동해야, 나답게 변화

할 수 있는지도 모릅니다.

'나를 바꾸고 싶다'고 생각했다면 '다이어트를 시작하자', '자격증을 따기 위해 공부하자'처럼 무언가를 더하기보다 빼기부터 시작해봅시다.

'나에게 필요하지 않은 것은 무엇인가?'

'나는 무엇을 버려야 하는가?'

나 자신과 마주하며 이러한 부분을 생각해봐야 합니다.

그동안 '내가 해야 한다', '지금 꼭 해야 한다', '끝까지 해야 한다'고 생각한 많은 일 중에 의외로 하지 않아도 되는 일이 가득할지도 모릅니다.

Point '해야 할 일'이 아닌 '안 해도 될 일'을 찾아보자

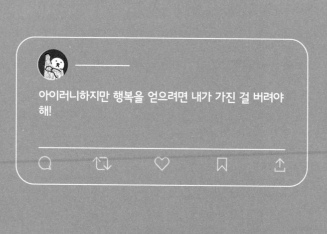

아이러니하지만 행복을 얻으려면 내가 가진 걸 버려야
해!

다른 사람에게 의지할 수 있는 것도
'강한 것'입니다

나를 바꾸고 싶을 때는 무엇을 버려도 될지 생각하는 것만큼이나 도움을 구하는 것도 중요합니다.

나를 바꾸는 일은 정말 어렵습니다. 많은 에너지가 필요하죠. 하지만 언제나 활기찰 수도 없고, 때로는 우울할 때도 있겠죠. 감당하기 버거운 일을 해야만 할 때도 있습니다.

그럴 때는 도움을 요청하거나 부탁할 수 있어야 합니다.

나무가 부러질지 아닐지는 그 나무 자체가 얼마나 강한지보다 바람을 막아주는 울타리나 충분히 지지대가 있는지가 더 중요할 때도 있습니다. 사람의 마음도 마찬가지입니다.

부러질 것 같을 때 도와줄 사람이 있는지가 중요합니다.

그런데 이런 심리적 지지대가 곁에 있으면 개인의 정신력이 나약한 것이라 치부해버리곤 합니다. 혼자서 노력해야 진정 강한 것이라고 오해하는 사람도 많습니다.

하지만 다른 사람에게 의지할 수 있는 것도 강한 것입니다.

여러분들 중에는 '더욱 강해지고 싶다'고 생각하는 사람도 적지 않을 겁니다. 그렇다면 관점을 조금만 바꿔 도움을 요청할 수 있는 사람, 투정할 수 있는 사람, 의지할 수 있는 사람을 찾아보세요.

예컨대 상사가 지시한 일을 마감까지 끝내기 어려울 것 같다면, 상사나 동료에게 도움을 요청해보세요.

도움을 청하기 전에는 '거절당할 거야', '일 못 한다고 생각할지도 몰라'라며 부정적으로만 생각할 수도 있습니다. 그러나 실제로 부탁해보면 상사가 "확실히 기한이 너무 짧긴 했지. 다음

주 초까지 해서 줘."라거나 동료가 "마침 여유가 있으니 도와줄게."라고 반응할지도 모릅니다.

물론 "왜 이렇게 늦게 말했어!", "야근하더라도 시간 맞춰 끝내." 이런 말을 들을 수도 있겠지만요.

"도와달라."고 용기 내서 말해보세요.
"이것 좀 대신해주실 수 있나요?"라고 도움을 청해보세요.
"잘 몰라서 그런데, 좀 알려주세요."라고 의지해보세요.

약해 보이지만 사실은 강한 이 태도가 여러분 자신을 바꾸는 데 중요한 요소가 될 것입니다.

 Point 도와달라고 할 수 있는 사람,
의지할 수 있는 사람을 찾자

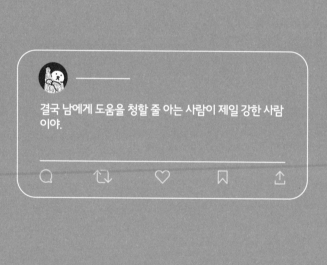

결국 남에게 도움을 청할 줄 아는 사람이 제일 강한 사람이야.

자신과 마주하는 데는
타이밍이 중요합니다

나를 바꾼다는 것은 정말 용기 있는 일입니다.

때로는 지금의 나를 부정해야 하고 사람에 따라서는 과거의 싫은 기억과 마주해야 합니다.

만약 바꾸고 싶어도 바꿀 수 없어 고민된다면 '지금은 나와 마주할 시기가 아닌가 봐'라고 생각해도 좋습니다. 내 안에 '변화를 일으키는 것'은 상당히 어려운 일이니까요.

제가 근무하는 신경정신과에서도 증상의 호전을 위해 환자에게 변화의 필요성을 잘 이해하도록 설명해야 하는 경우가 있습니다.

하지만 내원한 지 얼마 안 된 환자에게 이런 말을 쉽게 할 수 있는 건 아닙니다. 타이밍을 잘 보고, 지금 이 사람이라면 받아들일 수 있겠다는 생각이 들 때 이야기합니다. 아주 신중하게 결정하죠.

자신과 마주하는 타이밍이 정말 중요하기 때문입니다.

종종 다른 사람을 격려하기 위해 "그치지 않는 비는 없다."고 말하는 사람이 있습니다. 한창 고민하는 사람에게 위로의 한마디를 던지기 위해서 말이죠.

하지만 지금 당장 괴로운 사람은 '한창 소나기가 쏟아지는 중인데, 그런 말이 무슨 소용이야. 지금 당장 어떻게든 해달라고' 이렇게 생각할 수도 있습니다.

혹은 "비 한 방울 맞지 않은 사람이 그런 말 하지 말라고."라며 화내는 사람도 있겠지요.

사실 인생의 고민거리는 비와 달리 길게 지속되곤 합니다.

인생에는 그치지 않는 비도 아주 많아요.

절망하라는 이야기가 아닙니다.

인간은 환경을 받아들이고 대책을 세울 수 있는 생물입니다.

옛날 사람들은 '비가 그치지 않는군. 그렇다면 어떻게 해야할까? 비에 젖지 않을 수는 없을까?'라고 생각하며 제방과 댐을 쌓고 우산과 우의를 만들었습니다.

'비가 그칠 때까지 기다리는 것'도 방법입니다. 그렇다고 맑은 하늘 아래 서서 "언젠간 그칠 거야."라고 하는 사람의 이야기만 듣고 있을 필요는 없습니다.

각자의 타이밍에서 '그치지 않는 비'와 마주하고,
대책을 세우는 것도 하나의 방법입니다.
다만 그런 방법에도 타이밍이 중요합니다.

'왜 비가 그치지 않지?', '비가 그치지 않으면 어떻게 해야 하지?' 이런 생각을 계속 생각해야 한다면 정말 힘들 겁니다.

그러니 현상을 마주하고 생각하는 타이밍을 내 안에서 찾아봐야 합니다.

꼭 지금이 아니라도 좋습니다. 가끔 생각해보는 것만으로도 충분합니다.

이 책을 읽고 계신 여러분도 가끔은 '지금이 타이밍인지'를 생각해보시길 바라며 이 이야기를 해보았습니다.

자연스럽게 '지금이 내 타이밍일지도'라는 생각이 든다면, 그 때 '비가 그치지 않으면 어떻게 해야 할까?', '왜 비가 그치지 않지?' 생각해보세요.

 가끔 '지금이 타이밍인가?'라고 자문해보자

'내가 할 수 있는 일'에
집중하세요

무슨 일이건 '내 탓'이라며 자신을 비난하는 사람이 있는 반면, '남 탓'만 하는 사람도 있습니다. '타책 사고' 경향이 강한 사람이죠.

타책 사고의 단점은 책임감을 기르기 힘들고, 다른 사람과의 갈등이 많이 발생한다는 점입니다. 갈등이 생기면 차라리 나은데, '저 사람은 좀…'이라며 그냥 혼자 조용히 넘어가는 일도 있습니다.

가장 큰 단점은 자기 발전이 멈출 수도 있다는 점입니다.

"그건 ○○ 씨 때문이니까.", "결국 부장님 잘못 때문에."처럼 다른 사람 책임으로 돌리다 보면, 나에게 고쳐야 할 점이 있어도 좀처럼 깨닫기 어렵습니다.

예컨대 뭐든 부모 탓을 하는 사람이 종종 있습니다.

"부모님이 내 모든 걸 결정하려 했어. 대학도 취직도 교우관계도 모든 일에 참견했어. 나는 내 뜻대로 아무것도 하지 못했어. 지금 내 인생이 잘 풀리지 않는 건 모두 다 부모님 탓이야."라고 하는 사람이 있다고 해봅시다.

간섭이 심한 부모였다면 당연히 힘들었겠지요. 그중에는 학대에 가까운 사례도 있을 것입니다. "어른들이 하는 말은 하나도 틀린 게 없다."라는 말에 지배당하는 아이들도 많습니다. 세뇌당한 아이들은 부모를 의심하기도 어렵습니다. 주변에서 보기에는 폭력적인 부모인데도 '이게 당연하다'고 생각하는 아이가 많죠.

물론 그렇게 심하지 않은 사례도 있습니다. "잔소리가 심했다.", "통금이 엄격했다.", "나이 많은 남자 친구와 사귀는 걸 반대했다." 이처럼 정도가 심하지 않은데도 '부모 탓'을 하며 원망하는 사람을 보면 안타까운 생각이 듭니다.

다른 사람이 반성하는 일,

그래서 여러분을 행복하게 해줄 일은 거의 없어요.

계속 '남 탓'만을 한다고 여러분 인생이 딱히 좋아지지 않습
니다. 내가 지금부터 할 수 있는 일에 초점을 맞춰봅시다.

계속해서 부모 탓을 하기보다는 부모와 거리를 두는 편이 훨
씬 도움됩니다. 물론 처음엔 힘들다고 해도, 부모와 멀어지는
날이 옵니다.

그때를 놓치지 않기 위해서라도 지금부터 준비하며 각오를
다져야 합니다. 독립을 위해 필요한 돈을 저금해두거나 부모 외
의 어른과 상담해보는 것도 좋습니다.

결코 여러분이 잘못했다고 말하는 것이 아닙니다.

'남 탓'이 아닌 '내 탓'인 부분에 집중해야 나를 바꿀 수 있다
는 점을 잊지 마세요.

Point '남 탓'과 이별하자

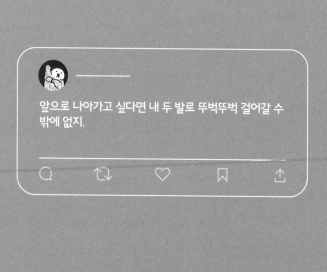

앞으로 나아가고 싶다면 내 두 발로 뚜벅뚜벅 걸어갈 수 밖에 없지.

인간은 원래
의지가 약합니다

'계속해서 남 탓해 봤자 바뀌는 건 없다'는 사실은 이제 잘 아시 겠죠? 부모뿐 아니라, 기본적으로 다른 사람을 바꾸는 것은 어 렵습니다. 이 상황을 타개하려면 나를 바꾸는 수밖에 없습니다.

물론 나를 바꾸는 것도 쉽지 않습니다. 그럴 때는 '환경'에 주 목해보세요.

환경은 정말 중요합니다.

"자리가 사람을 만든다."라는 말이 있죠.

공부를 열심히 하지 않는 아이들이 많은 학급보다 공부를 열심히 하는 아이들이 많은 학급에 속해 있으면, 더 열심히 공부하게 된다는 이야기도 있습니다.

사람은 주변 사람이나 장소 등 환경에 영향을 받아서 자연스럽게 바뀌기도 합니다. 그러니 나를 바꾸고 싶을 때는 환경의 힘을 빌려보세요.

게임 시간을 줄이고 싶다면,

이용 시간을 한눈에 볼 수 있는 앱을 사용해보세요.

근력 운동을 하고 싶다면,

멋진 바디프로필 사진을 벽에 걸어놔보세요.

아침 일찍 일어나고 싶다면,

자동으로 열리는 커튼으로 바꿔보세요.

어지러운 방이 싫다면,

큰 쓰레기통을 둬보세요.

참고로 저는 음식을 집에 많이 두면 있는 대로 먹기 때문에 집에 먹을 것을 쟁여두지 않습니다.

'내 의지가 그렇게 강하지 않다'는 사실을 알기 때문이죠.

인간은 자신을 제어할 수 없는 생물입니다. '의지가 약하다'며 자신을 비난하거나 자기혐오에 빠지지 않길 바랍니다.

인간은 원래 의지가 약합니다.
'자기 의지'에만 의존하여 자신을 바꾸려 하지 마세요.

예컨대 '일이 힘들어. 적성에도 안 맞고 상사에게 혼나는 게 일이지'라는 고민을 하고 있다고 해봅시다.

그렇다면 '상사가 업무를 바꿔주지 않네'라고 남 탓만 하기보다, '내가 좀 더 노력해봐야지. 하… 진짜 너무 힘들다'며 스스로를 몰아붙이고 고민만 하기보다, 이직을 통해 환경을 바꿈으로써 상황을 해결하는 방법도 있습니다.

당연한 말이지만 상사나 회사는 쉽게 바뀌지 않아요. 나를 바꾸는 데도 시간과 에너지가 필요합니다. 시간과 에너지를 들여도 바꿀 수 있을지는 확신할 수 없지요. 그렇다면 차라리 환경을 바꿔보면 어떨까요?

이직할 때 어떻게 하면 좋을지, 나와 맞는 직장은 어떤 곳인지, 퇴사부터 하고 생각할지, 그동안 생활비는 충분한지 등 생각할 거리가 많겠지만, 조금씩 앞으로 나아갈 수 있습니다.

물론 이직만이 방법은 아닙니다.

내가 행복할 수 있는 환경을 만들어보세요.

 내가 아닌 환경을 바꾸자

끙끙대며 고민해도 괜찮아요.
바로 정답을 찾지 못해도 괜찮습니다

'소극적 수용력'negative capability이라는 말을 아시나요?

영국 시인 존 키츠John Keats가 말한 "불확실하고 해결되지 않은 상태를 참고 받아들이는 힘"을 일컫는 말입니다.

인생에는 답이 보이지 않는 일, 대처할 방법조차 없는 일이 잔뜩 있습니다.

인생에는 흰색도 검은색도 아닌,
회색 같은 일이 엄청나게 많아요.

인간의 뇌는 '모르는 것'이 있으면 예측 불가능성이 높아져 불안을 느낀다고 합니다. 그러니 '모르는 상태'를 선호하지 않습니다.

'왜 나에게만 이런 일이 일어나는 거지?', '어떻게 해야 해결할 수 있을까?' 이렇게 생각하며 서둘러 답을 구하려 합니다.

누군가를 원망하거나, 자신을 비난하는 등 쉬운 답을 향해 달려가게 되고요.

이제라도 답을 도출하는 데 시간을 조금만 더 써보는 게 어떨까요?

흑백으로 나누지 않아도 좋습니다.

고민하는 모습, 그 자체로도 충분합니다.

곧바로 답을 도출하려 하지 말고, 애매한 채로, 눈앞에 닥친 일이나 할 수 있는 일만 해보세요.

갑작스럽게 쏟아지는 빗속에서도 편의점에서 우산을 사거나 처마 밑에서 비를 피하는 것, 어떻게든 해결책을 찾으며 계속해서 걸어 나가는 것, 이런 모습 역시 소극적 수용력이 아닐까요?

물론 정답이 없는 상태에서 불안과 조급함을 느끼겠지요.

불안하고 조급해지는 것이 당연합니다.

참고로 저는 비행기를 탈 때 매우 불안해합니다. '이렇게나 무거운 쇳덩어리가 하늘을 날다니, 이해할 수 없어' 이런 생각을 하면서 불안해하죠.

하지만 좌석에 앉아 미리 준비해둔 책을 읽는 동안 점점 불안을 잊고, 어느새 공항에 착륙해 있곤 합니다.

불안은 계속해서 같은 곳에 머물러 있지 않습니다.

언젠가는 없어질 것이고, 익숙해질 것이고, 어쩌면 눈앞의 일에 집중하는 동안 점차 잦아들 수도 있습니다.

불안하고 조급한 상태로 신중하게 나아가보세요.

바꿔도, 바꾸지 않아도 좋습니다.

'바꾼다', '바꾸지 않는다' 어느 한쪽을 결정하지 못한 애매한 상태로, 고민도 하고 우울해하기도 하다 보면 어느새 바뀌는 일이 벌어질 수도 있습니다.

바로 바꾸지 않아도, 바꾸지 못해도, 불안하고 조급한 채로 여러 가지 일을 노력하다 보면, 어느새 나도 내 주변도 바뀌어 있을지도 모릅니다.

내가 정답을 찾지 못해도, 바꾸지 않아도, 어느 하나 정하지 못해도, 끙끙대며 고민해도 아무 문제 없습니다.

 정답을 찾지 못하는 나도,
바꾸지 못하는 나도 받아들이자

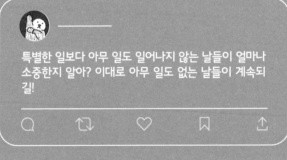

특별한 일보다 아무 일도 일어나지 않는 날들이 얼마나 소중한지 알아? 이대로 아무 일도 없는 날들이 계속되길!

당연하다고 생각하는 그 한 걸음도
전혀 당연하지 않습니다

지금까지 많은 이야기를 했습니다.

'바꾸고 싶다', '바꿔야 한다'라고 고민하는 여러분이 조금이라도 마음을 편안히 먹고 행동으로 옮길 용기를 낼 수 있다면 좋겠습니다.

무엇보다 억지로 바꾸려 하지 않아도 된다는 점을 꼭 기억해 주시면 좋겠습니다.

우리는 흔히 당연하다고 생각하는 한 걸음 한 걸음을 매일 내딛고 있습니다.

이불에서 나와 한 걸음, 집 현관에서 밖으로 나오는 한 걸음, 지하철을 타는 한 걸음, 회사로 들어가는 한 걸음, 혹시 '앞으로 내딛는 한 걸음'이 당연하다고 생각하고 있지는 않나요?

그 한 걸음이 습관이 되어 어떤 때건, 좋건 싫건 극히 평범한 일처럼 매일 발을 내딛는 것입니다. 비록 의식하지 않으면 깨닫기 힘들지만, 사실은 아주 대단한 일입니다.

신경정신과를 찾는 사람 중에는 '그 한 걸음'을 떼지 못하는 사람이 많습니다.

이유는 알 수 없지만 일하러 가려 하면 현관에서 좀처럼 움직일 수 없다거나, 지하철에 올라타지 못해 몇 대나 그냥 보내고 말았다거나, 일터에 도착하긴 했지만 차에서 내리지 못해 출근은 못 했다거나, 이처럼 많은 사람이 그렇게 되고 나서야 비로소 '아, 내가 너무 애쓰고 있었구나', '힘들구나' 깨닫습니다.

당연하다고 여겨왔던 일상이 노력의 연속이었다는 것, 또 당연하지 않았다는 것을 더 이상 노력할 수 없게 된 다음에야 겨우 깨닫게 되는 것이죠.

늘 해왔다고, 모두가 하고 있다고 당연한 일이 아닙니다.

직장에서 돈을 벌어 오거나, 가족을 위해 장을 보고 집안을 돌보는 것, 역시 당연하지 않습니다.

　당연하게 내딛는 한 걸음이 노력의 결과라는 점. 그 점을 잊지 마시길 바랍니다.

　오늘도 한 걸음 내디딘 것만으로도,

　충분히 잘하셨습니다. 나를 칭찬해주세요.

　나를 바꿔도, 바꾸지 않아도 괜찮습니다.

　이렇게 살기 힘든 세상에서 나름대로 열심히 살고 있다면,

　그것만으로도 칭찬받을 일이 아닐까요?

　이 불확실한 세상에서 살아내고 있는 것만으로도,

　여러분은 대단합니다.

　그런 나에게 '잘하고 있다'고 말해주세요.

 있는 그대로의 나에게 '잘했다'라고 말하자

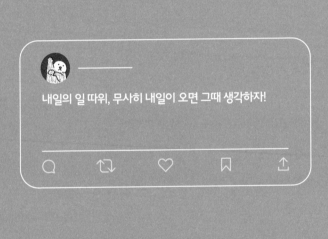

내일의 일 따위, 무사히 내일이 오면 그때 생각하자!

끝내며

제가 책을 출간하기 전에 늘 하던 고민이 있습니다.

　바로 의사로서의 현장 경험과 지식을 직접 진찰하지 않은 독자 여러분에게 맞춰 어떻게 전달할 수 있을지입니다.

　이를 해결하기란 때로는 정말 어려운 과제였습니다. 조금만 주의를 덜 기울이면 독자 여러분이 바라는 점에 압도되어 제가 직접 임상 현장에서 느낀 점이 아닌 일반론이 늘어나곤 했기 때문입니다.

　이 책의 주제이기도 한 '나를 바꾸고 싶다, 바뀌겠다고 생각했을 때'에 대해서도 이야기의 어디까지가 제가 느낀 점인지,

어디까지가 제 어떤 경험에서 나온 것인지 계속해서 자문하였습니다.

다행히 후기를 쓰는 지금은 하나의 이야기로 완결 지을 수 있어 만족스럽습니다.

신경정신과에서 일하다 보면 임상 현장에서 "죽고 싶다."는 말을 자주 듣게 됩니다. 그러나 "죽고 싶다."라는 말은 '살아 있기가 괴롭다', '누가 도와줬으면', '나를 바꾸고 싶다', '다시 해보고 싶다' 같은 표현을 대체하는 일이 많습니다. '어떻게 해야 할지 모르겠다'는 SOS 신호가 포함되어 있기도 합니다.

"죽고 싶다."처럼 "바꾸고 싶어. 바뀌겠어."라는 말 속에는 '지금 나로는 안 되겠어', '괴로워', '이런 내가 싫어'와 같은 다른 생각이 내포되어 있습니다. 그런데도 어떻게 해야 할지 몰라서 곤란하다는 의미이기도 합니다.

겉으로 드러나는 말에 휘둘리지 말고, 그 뒤에 숨어 있는 문제를 어떻게 해결해야 할지 함께 생각해봐야 합니다. 매일 진료하며 항상 느끼는 바입니다.

이는 신경정신과에서만 겪는 일이 아닙니다. 과거 수련의 시절 저는 응급 외래에서 환자가 "현기증이 나요."라고 했을 때 진료 기록부에 그대로 쓴 적이 있습니다. 당시 지도 의사가 제게 "환자가 말하는 '현기증'이 머리가 흔들리는 느낌인지, 눈이 돌아가는 느낌인지, 눈앞이 캄캄해지는 느낌인지 그 의미를 확실하게 확인해."라고 엄격하게 지시했던 기억이 아직도 생생합니다.

우리는 나도 모르게 모두가 같은 세상을 살고 있고, 같은 말을 사용하며, 같은 풍경을 보고 있다고 착각하곤 합니다. 하지만 사람에 따라 보는 방법도, 느끼는 방법도, 전하는 방법도 크게 다릅니다.

"죽고 싶다.", "바꾸고 싶다.", "현기증이 난다." 같은 말은 많은 의미를 담고 있는 듯하지만, 의외로 마음속 극히 일부만 보여주는 말입니다.

"바꾸고 싶다."라는 사람에게는 바꾸는 방법만 이야기해주면 간단합니다. 그런 책도 많죠.

하지만 '바꾸고 싶다, 바뀌겠어'라고 결심했다면 우선 자기 자신부터 그 말속에 숨겨진 진의를 알아야 합니다. 원인을 제거하거나 상황을 좋게 만들고 싶다면, 자기 말 속에 숨겨진 진짜 마음과 마주해야 합니다. 그렇지 않으면 이 '현기증'이 사라지지 않습니다. 그래서 저는 이 책을 쓰게 되었습니다.

내 마음이 보인다면 '바꾸고 싶어, 그래도 바꾸기는 두려워' 처럼 상반된 마음 사이에서 살그머니 움직이는 나를 부정하거 나 도망칠 필요가 없어집니다.

감사하게도 전작《누군가를 위해 살지 말것》「誰かのため」に生きす ぎない이 독자 여러분의 사랑을 받아, 이 책도 출간할 수 있게 되 었습니다. 많은 분이 SNS나 인터넷 서점에 후기와 감상을 남겨 주셔서, 아마존에서 '가장 선물하고 싶은 책'에 뽑혔던 일이 인 상에 깊이 남았습니다.

'다른 사람을 위해' '너무 열심히 살지 말자'는 내용이 담긴 책 을 '누군가를 위해' 추천하는 사람이 이렇게나 많다니⋯. 이 얼 마나 아이러니한지 그리고 얼마나 깊은 마음이 담겼는지, 저는 크게 감동했습니다. 저자로서 정말 감사합니다.

변화를 응원하며 등을 받쳐줄 것인가, 조급해하지 않아도 된 다고 등을 토닥여줄 것인가. 이 책의 역할이 누가 언제 읽느냐 에 따라 많이 달라지겠죠.

바꾸고 싶다고 생각해도 좋고, 바꾸고 싶지 않다고 느껴도 좋습니다. 각자의 타이밍에 맞게 이 책을 꺼내 들고, 솔직한 내 모습과 마주해보시길 바랍니다.